女性リーダー育成のために

グローバル時代のリーダーシップ論

お茶の水女子大学
グローバルリーダーシップ研究所［編］

勁草書房

はしがき

お茶の水女子大学長　室伏きみ子

お茶の水女子大学は、一八七五年の創設以来一貫して、社会の様々な領域で指導的役割を果たす女性の育成に注力し、その活動を支援してまいりました。そして、二〇〇四年の国立大学法人化を機に、「国によって設置された女子大学」としての役割を再確認した上で「学ぶ意欲のある全ての女性にとって、真摯な夢の実現の場として存在する」との標語を掲げ、学びたくても学ぶことのできない開発途上国の女性達をも含めて、世界中のすべての女性達の資質・能力の開発を支援し、女性達がその力を十二分に発揮できる社会の構築に貢献すべく、努力してまいりました。

その過程で、二〇〇四年に「女性支援室」を設置して、全国に先駆けて男女共同参画の取り組みを開始し、二〇〇八年には「リーダーシップ養成教育研究センター」を、二〇一一年には「男女共同参画推進本部」を設置して、女性リーダーの育成と女性研究者支援を二つの柱とする取り組みを強化しました。

さらに二〇一五年には、グローバルな視野をもって多方面に活躍する女性リーダーの育成を使命とした「グローバル女性リーダー育成研究機構」を新設し、その中に「グローバルリーダーシップ研究所」と「ジェンダー研究所」を設置して、あらゆる領域で活躍する女性リーダーの育成を目的としたカリキュラム開発を進めると共に、多様な領域でリーダーシップを発揮していらっしゃる方々をお招きしたシンポジウムや講演会の開催、学生海外派遣プログラムの実施、キャリアアップを目指す社会人女性を対象とした生涯教育講座「徽音塾」の開講など、様々な事業を行っています。それらの事業の成果として、本学の卒業生の多くが多様な場で指導的役割を果たしていることは嬉しいことですが、残念ながら、その成果を社会に向けて広く波及させるための「リーダーシップ育成プログラム」の確立には至っていないのが現状です。そこで「グローバルリーダーシップ研究所」では、先駆者の方々のご経験や海外の大学における先駆的な取り組みから多くを学びながら、研究と実践の両面から、日本における女性リーダー育成プログラムを確立すべく努力を続けています。

その中で、本研究所では、その前身であった旧・リーダーシップ養成教育研究センターの事業を引き継ぎ、二〇〇九年に開始された連続講演会「リーダーシップ論」を開講してきましたが、二〇一八年に一〇年目を迎えたことで、一区切りをつけることになり、これまでの成果をまとめて『女性リーダー育成のために――グローバル時代のリーダーシップ論』と題して、本書を刊行する運びとなりました。

刊行に当たりまして、大変にお忙しい中でご講演をお引き受けくださり、それぞれの方が生きて来られた経験に基づき、真のリーダーシップとは何かを語ってくださいました各界の皆さまに、心から御礼申し上げます。講演会には毎回、未来を担う若い学生を中心に、学外からも多くの参加者がありましたが、参加された方々は、「講師の皆さまのお話から、多くの学びと示唆をいただいた」との感想を述べていらっしゃいました。

そして、本書を手に取られた皆さまには、ご講演やパネルディスカッションの記録を通して、これからの世界と日本のために、二一世紀を生きる女性リーダーに求められるものは何かをお考えいただき、創出すべき未来に想いを馳せていただきたいと思っております。そして、その未来の実現に向け、それぞれのお立場でのアクションへとつないでくださいますと幸いに存じます。また、この意義ある講演会を企画・実行して来られた担当者の方々のお骨折りにも感謝申し上げたいと思います。

ただ本書では、紙幅の都合上、ご講演者の方々のお話の概要をお示しするにとどめましたので、もしかすると、その時々のご講演の魅力を十分に伝えられていないかもしれません。ご講演の記録は、別途まとめてありますので、ご興味がおありの方々には、是非、そちらもお目通しいただければと思っております。

連続講演会は一応の終結を迎えましたが、新たな事業も計画しておりますので、今後とも、本学のグローバルリーダー育成の取り組みにご助力くださいますよう、お願い申し上げます。

女性リーダー育成のために——グローバル時代のリーダーシップ論／目次

目 次

目　次

第Ⅰ部　私の「リーダーシップ論」

第Ⅰ部　はじめに

お茶の水女子大学では、リーダーシップ養成教育研究センター、ならびにその後身組織であるグローバルリーダーシップ研究所の主催により、国内外でリーダーシップを発揮できる人材を育成することをめざし、その一環として、国際化と多様化が進む時代状況の中で求められるリーダーシップとはどのようなものか、リーダーシップを発揮するために何が必要か、を来場者とともに考える連続講演会「リーダーシップ論」を二〇〇九年より開催してきた。

本書第Ⅰ部では、この連続講演会「リーダーシップ論」の第一回から第一〇回まで、各回の企画の趣旨と講演内容を振り返る。紙幅の関係上、講演内容は概要を示すにとどめざるをえなかったが、これまで講演会開催のつど発行してきた講演録（編集協力・特定非営利活動法人 お茶の水学術事業会）から講師の言葉を適宜引用し、各講師の語り口の魅力をできるだけ伝えるよう努めた。話の順序は基本的に当日の順序に従っているが、一部再構成したところがある。また、読者の便を考え、本文中、あるいは章末注の形で補足情報を添えたところもある。各回の企画の趣旨では、どのような方を講師として迎えたかについて簡単にふれたが、より詳しい情報は巻末のプロフィール欄をご参照いただきたい。

第一章　私の考えるリーダーシップ

講師：小林陽太郎

一　企画の趣旨

第一回（二〇〇九年一月一〇日開催）の講師は小林陽太郎氏である。小林氏は、一九五八年にペンシルベニア大学のビジネススクールのウォートンスクールを修了し、富士写真フイルム（現富士フイルム）に入社、ついで六三年に富士ゼロックスに転じ、取締役副社長、社長、会長を歴任し、二〇〇六年から二〇〇九年まで相談役最高顧問を務めた。富士ゼロックス社長、経済同友会代表幹事（終身幹事）、三極委員会アジア太平洋委員会委員長、日米財界人会議の日本側議長など、さまざまな組織をリーダーとして牽引されてきた。経済同友会では、社会のリーダーとしても活躍できる次世代経営者育成のための「リーダーシップ・プログラム」を提唱し、委員長を務めた。このような豊富な経験を踏まえて、小林氏の考えるリーダーのあり方やリーダーシップのスタイルについて、「私の考えるリーダーシップ」と題してご講演いただいた。

二　影響を受けたリーダー（1）――ジョセフ・ウィルソン

自身がリーダーとして活躍しながら、多くのリーダーとの交流を重ねてきた小林氏は、影響を受けた二人のリーダーを紹介した。一人目は、米国のゼロックス社の創業者であるジョセフ・ウィルソン[1]（Wilson, J.）氏である。

ウィルソン氏について小林氏が強調するのは、一つの技術に「賭ける」精神である。光学研究で知られたロチェスター大学とハーバード・ビジネススクールで学んだ彼は、同スクールを修了後にハロイド社の社長に就任した。同社は、彼の祖父がイーストマン・コダック社勤務を経て創業し、米国のゼロックス社の前身にあたるが、彼が入社した当時はコダック社の力の前に窮地に立たされていた。そのとき、ウィルソン氏は、「一つの技術に賭けた」という。それはゼログラフィーという技術である。ゼログラフィーは、アメリカのバテルという研究所でチェスター・カールソン[2]（Carlson, C.）の発明をもとに開発された複写技術で、液体を用いない点において画期的なものであり、現在の複写機の基本原理となった。私財を投じてこのゼログラフィーの権利を買い取り、その開発に「賭けた」。そして、それがゼロックス社の始まりとなる。

このようなウィルソン氏の思考の特徴は、彼がロバート・フロスト[3]（Frost, R.）の詩“The Road not taken”（行かなかった道）を好んで引用したことからもうかがい知れるという。小林氏は、この詩の内容を、よく踏みならされた安全そうに見える道と、面白そうだけれども安全かどうかわからないけもの道のうち、旅人は後者を選び、その選択が今の自分を可能にしたという内容だと説明した上で、この詩に表現された、「難しくてチャレンジングなものを選ぼうではないか」と考える精神が「ゼロックス・スピリット」の中心となったと語った。

そして小林氏は、次のように述べる。「ビジネスマンとしてとても思い切ったことをやり、難しいリスキーな方を選択していこうではないかという非常に前向きな姿勢は、今でも大いに通用するビジネス精神だと思います」と。

小林氏がウィルソン氏を尊敬する最大の理由は彼の「人間力」にある。この場合の「人間力」とは、「たいへん幅広い教養の持ち主」であったことによるという。小林氏は、富士ゼロックスの立ち上げの段階で、彼と議論した際のエピソードを紹介した。小林氏が、アメリカの企業、ならびに企業経営者が「短期利益志向で、企業の長期的な将来の問題や、社会との関係の問題をないがしろにしているのではないか」と、「議論をふっかけ」た結果、「アスペン研究所って聞いたことがあるか。ないなら、一度行ってみろ。そこに来ているアメリカの企業人、彼らがどんな連中なのか、どんな考えを持っているのか、実際にそこで見聞きして、経験して、帰ってきてもう一度議論をしようじゃないか」と言われたのだという。

この助言を受けて、小林氏はアスペン研究所（The Aspen Institute）を訪れる。ウィルソン氏が病で急死した一九七一年から六年後のことである。翌七八年に小林氏は富士ゼロックス社の社長に就任し、このアスペン研究所訪問が氏の経営に関する方針に大きな影響を与えることになった。

アスペン研究所は一九五〇年にアメリカのコロラド州のアスペンに設立された研究組織で、アメリカの各界のリーダーの交流を通じて幅広い教養の育成や人格教育を目的として活動している。小林氏は、設立の契機となった会議でシカゴ大学のロバート・ハッチンス(Hutchins, R.)[4]第五代総長が行ったスピーチの内容を次のように紹介した。「アメリカを含めて、いわゆる近代社会というのは、非常に専門化（specialization）が進んだ。しかし、非常に細かい、些末化といっていいぐらいの形で専門化が進んで、専門領域の中では専門家の話が通じるけれども、専門領域を超えると、まったく会話が成り立たなくなる。こんな社会がこれから続いていっていいのかという問題提起」があり、「思いきって古典に戻って、時代を超えて論じられ、述べられているような普遍的な価値の問題や理念の問題を勉強して、それと現代的な問題を対比させ、そういう中で、基本的な問題認識を作りだしていこうではないか」との呼び掛けがあったという。小林氏は、この講演会開催当時、世界的な金融経済の不安の原因をアメリカの新自由主義や拝金主義に見る向きもあること、ならびにそのような見方も個々には間違いではないとしつつも、アメリカ経済界が絶頂期にあった一九五〇年前後に、ハッチンスの提言に呼応し、サポートしたことも一面の事実であると指摘した。

アスペン研究所を訪れた小林氏は、「エグゼクティブ・セミナー」を受講し、「人々の教養の高さを知り、いったい日本は何をやってきたのかと、愕然」としたと語る。部下に短期的な利益を説くアメリカのビジネスマンの多くが、アリストテレス、プラトン、聖書、毛沢東語録を読みこなし、アメリカの一流大学の学部はリベラルアーツ教育に力を入れていることの意味を知ることになった。同じ問題意識をもった椎名武雄氏（日本IBM社長）や堤清二氏（西武社長、いずれも当時）らを中心に日本版アスペンセミナーが始まり、その後、より本格的な日本アスペン研究所の設立に至る。同研究所は一九九八年に設立され、小林氏が理事長に就任した。

三　影響を受けたリーダー（2）――緒方貞子

小林氏が影響を受けたリーダーの二人目に挙げたのは、国連難民高等弁務官の活動で知られる緒方貞子氏である。[5]「現場へどんどん出ていって、いろいろな問題と直に接し、肌身で感じて、それを自分のリーダーシップや政策などに反映している」点が、尊敬する理由の一つだと語った。小林氏は彼女の作った国際的なアドバイザリーボードに参加し、彼女のリーダーシップが、性別や国籍を超えて、広く、根強く発揮されるのを間近に見る機会を得たという。ウィルソン氏と同様に静かなスタイルをとりながら「内面的なまさに人間力、知性」が感じられ、多様な国籍の男性たちが、「最後にはこの人についていくという感じになるのを目の当たりにして、大いに感動した」と述べる。

日本の経団連とアメリカの経団連に当たる組織の有志がオープンに議論する場でのエピソードも紹介された。議席の有無といった制限を仮になくした上で、「日本の中だけではなくて、海外に向かっても誇りにし得るような総理の候補」として、日本側から緒方氏の名前が挙がり、アメリカ側からの賛同の声があがったという。小林氏は、実際に彼女が行政の世界に入って、「本来のリーダーシップ」を発揮できたかどうかはわからないと留保しながらも、「こういう人がリーダーシップを発揮できるような状況ができれば、日本の民主主義も、人材登用の幅を飛躍的に広げていく勇気を持つことができる」という思いを会った人に抱かせる、それが緒方貞子という人だと語った。

なお、緒方氏の例を受けて、質疑応答時に女性リーダーの置かれた状況に関する質問が出された。それに対して、小林氏は、企業の世界では女性リーダーがまだ少なく、改善の努力が望まれるが、その中で、アメリカのゼロックス社では会長職にアン・マルケイヒー(6)(Mulcahy, A.) 氏が就いていることを紹介した。アメリカで世界の五〇人の女性リーダーにも選出された彼女の例を見ると、「性別の差を無理に意識することなく、リーダーとして共通の要素というものが男女を超えて、広く認識され始めてきている」との印象をもつと語った。

四　優れたリーダーとは

小林氏は、ジョセフ・ウィルソン氏や緒方貞子氏をはじめとした優れたリーダーの共通点として、まず〈人間力〉を挙げた。外面的な力強さが必要とされる場面もあるが、「場面を超え、時を超えて持続的なものは、やはり内から出てくる人間力をベースにしたリーダーシップです」と語る。そして、その〈人間力〉は、「知的な力」や「知的な力を生み出している教養、素養」によって生まれ、かつ、フォロアーがリーダーに寄せる基本的な信頼感を生み出す源でもあると語る。相互の信頼感がなければ、「リーダーの良いところと、それに対してフォロアーが応えようとしていることとがうまく結び付かず、結果として組織の力になっていかない」と述べ、それゆえリーダーが〈人間力〉を備えているか否かが重要な問題になると訴えた。

次に、哲学者の今道友信氏が提唱する価値理念主導のリーダーシップの紹介があった。今道氏は、政治文化史の本間長世氏とともに、日本アスペン研究所の設立からセミナーのモデレーターを務めた人物である。価値理念主導のリーダーシップとは、「個人的な理念というものがあり、それをもう少し分かりやすい理想に展開して、次にその理想を、組織を構成する人たちが共有できるビジョンに展開すること」を提唱したものであり、小林氏はこの考えに対して、「ビジョンというのはリーダーの押し付けではなくて、組織を構成する人たちとリーダーが一緒になって、一緒に作り上げるものだ」として賛意を示す。さらに、経営学の世界でも、「権力や権威、あるいは単なる利益や報酬などの動機付けではなくて、自分たちは何のために仕事をしているのか、何のためにこの組織をあるレベルに持っていこうとしているのか、その目的の中心部分は何かということ」が問われ始めたと説明がなされた。

政治や会社経営に対して、ビジョンがないという批判が起こるとき、本当にビジョンがない場合もあるが、ビジョンへのセンス・オブ・オーナーシップ（sense of ownership）、すなわち当事者意識が欠如している場合が多いという。リーダーの個人的な思いを反映した理念や理想を、「組織の外的な意図として展開していくことが重要」になり、「組織全体としてのエネルギーとなるような形で、方向性や目標を決めていこうという時、ビジョン作りを関係者が一緒になってやっていくことは不可避」だということである。富士ゼロックスでも、「一部のトップや、一部の人だけしか共感を覚えない理念ではなく、『これは自分たちの理念だ』と思える人たちが、その組織の中で大勢を占めるようでないと、組織の理念にはなり得ない」との考えのもと、当事者意識の持てる理念作りに取り組んだという。

続いて、リーダーがビジョンを主導して、さらにそれを展開した具体的な戦略等についてリーダーシップを波及させるために〈リアル・チェンジ・リーダー〉が必要であることが示された。これはアメリカのコンサルティング会社のマッキンゼー社が、「自社の経験に基づいて、戦略や組織の大改革を呼び掛けた後で、なおかつ成功している企業の共通点は何か」を調べた結果明らかになったことで、組織を牽引するリーダーを支える「真の変革者たち」が、「役員や、部長、課長、新入社員レベル、そういう要所要所」に配置されていることだという。

この〈リアル・チェンジ・リーダー〉の特徴として三点が挙げられた。まず、「お客様、ライバル企業についての評価、判断ができる」ことであり、次に、「自社の力、社員の力はどのぐらいあるのかについて、冷静かつ客観的な判断ができる」ことであり、最後に、「トップのビジョンが、市場や自分たちの組織が持っている力といった現実と照らし合わせた時に、妥当なのかの判断をし、トップが自らの力やお客様の要求、あるいは特に競争相手の力を過大評価したり、過小評価することのないように助けていく」ことである。

小林氏は、よいビジョンを作り上げ、よい戦略を展開しても、一人でそれを成功に結び付けることは難しく、「リアル・チェンジ・リーダーになるべき人たちを実際に見つけ出して、要所要所に配置できるかどうか」も「リーダーの力」なのだと主張する。したがって、「どういう人たちがどこに配置されるかによって、リーダーの器というものが判断され得る」と語った。

以上をまとめて、小林氏が提示した「リーダーの資質」とは、「人間的魅力、それからそれを生み出すベースになる豊かな教養、あるいは判断力」である。さらに、「リーダーの最重要の資質」は〈謙虚さ〉にあると語った。〈謙虚さ〉とは、「自分の心や気持ちがオープンだということであり、「自分以外の意見も気持ちも受け入れる寛容さを持っているということ」だという。自分のリーダーシップのあり方について、別の考えもあると率直な意見の提示や建設的な批判をし、「根幹的なところで、真剣な反省を迫り、気づかせてくれる」存在は、〈リアル・チェンジ・リーダー〉であったり、家族であったりするが、そうした存在の声を受け入れる寛容さが重要だということである。異なるアイディアを受け入れることは、「クリエイティヴィティー（創造性）」につながるからだという。寛容であることのもとになる謙虚な人間性は、多くの人を持続的に惹きつけ、それらの人々に一緒に作るビジョンに対する当事者意識を持たせ、さらには〈リアル・チェンジ・リーダー〉の育成にもつながっていくとのことである。小林氏は、このように、「その人の知的な力、そして謙虚さに裏付けされた人間力が、国境を越え、男女の差を超えて、あるいは学校や企業や政治の世界といったことを超えて、多くの人の共感を呼んで人々を動かしていく、そしてあるべき方向、好ましい方向にその組織を動かしていくリーダーシップにつながる」のだと結論付けられた。

注

（1）Joseph Wilson（1909–1971）. ゼロックス社創業者。
（2）Chester Carlson（1906–1968）. 米国の技術者。電子複写法を発明。
（3）Robert Frost（1874–1963）. 米国の詩人。ニューイングランドの農村風景を題材とし、広く人気を得る。ピューリッツァー賞受賞。
（4）Robert Hutchins（1899–1979）. 米国の教育家、法学者。一九二九年にシカゴ大学第五代総長就任。
（5）一九二七年生まれ。一九七六年、国際連合日本政府代表部の女性国連公使に就任。国連総会の日本代表、上智大学教授などを歴任し、一九九一年から二〇〇〇年まで第八代国連難民高等弁務官を務める。二〇〇三年、国際協力機構ＪＩＣＡ理事長就任（〜二〇一二）。
（6）Anne Mulcahy（1952–）. 米国の実業家。一九七六年、ゼロックス社に入社。二〇〇〇年、同社の社長兼ＣＯＯ（最高執行責任者）、二〇〇一年、ＣＥＯ（最高経営責任者）に就任（〜二〇〇九）。二〇〇二年より会長を兼務（〜二〇一〇）。

第二章　社会におけるサーバントリーダーシップ

講師：池田守男

一　企画の趣旨

第二回（二〇〇九年二月二八日開催）の講師は池田守男氏である。池田氏は、一九六一年に株式会社資生堂に入社され、同社社長、会長を経て、二〇〇六年より相談役を務めた。また、社外では、東洋英和女学院理事長・院長、教育再生懇談会委員などを歴任した。企業経営や学校教育などの場でリーダーシップを発揮された池田氏がその重要性を説いたのが、〈サーバントリーダーシップ〉である。池田氏は、『サーバント・リーダーシップ入門――引っ張るリーダーから支えるリーダーへ』（池田・金井　二〇〇七）も上梓している。この回は、〈サーバントリーダーシップ〉の紹介者であり、かつ実践者でもある池田氏を迎え、「社会におけるサーバントリーダーシップ」という演題で、この新たなリーダーシップのスタイルのあり方とその意味をご講演いただいた。

二　〈サーバントリーダーシップ〉とは

池田氏は、現代のリーダーシップのあり方として、上から強い力で引っ張るリーダーシップのスタイルに注目が集まる傾向が強いが、組織の実践において、「下から支えていくリーダーシップ」もまた重要であり、一見相反するものに見える二種類のスタイルは、実は表裏一体のものと考えるべきだと述べる。池田氏の説明する〈サーバントリーダーシップ〉とは次のようなものである。

サーバントといいますと、「召使い」という言葉を連想されるかもしれませんが、そういった意味ではなく、仕えるということ、支えるということ、あるいは奉仕をするということと捉えていただきたいと思います。私どもが家族を支えるような姿、また地域社会に奉仕する奉仕者の姿の延長線上にあるものだとご理解いただければと思います。このサーバントという考え方と、リーダーシップ（導く）というものは一見相反するように聞こえるかもしれませんが、私はそうは思いません。皆さんも日常生活の中でご経験があるのではないかと思いますが、人間的に温かい心を持って私どもを支えてくれる人には、全面的に従ってもいいという思いが起こるのではないかと思います。そうした奉仕する人、あるいは尽くす人こそが、実は真のリーダーシップを発揮している人ではないかという思いを私は持つのです。

その一つとして、若干次元の違った例えになるかもしれませんが、インド独立の父、マハトマ・ガンジーに、私はそういうリーダーシップの姿を見る思いがします。ガンジーは、共通の理念を持たせることによってインドの民を導くということと、自らが民のために仕える、奉仕するということを両方一度に成し得たリーダーだったのではないかと思います。高い志や社会への奉仕の心を持ち、ミッションやビジョンを共有することによって、その組織のメンバーに対し、リーダーが引っ張るのみならず、サポートする、支えていくということがリーダーシップの一つのあり方ではないかと思います。この姿こそ、サーバントリーダーシップそのものだと思います。

池田氏は、このように〈サーバントリーダーシップ〉というスタイルを説明した後、国際政治学者、ジョセフ・ナイ(1)（Nye, J.）ハーバード大学教授が説くリーダーシップのあり方（Nye 2008）を紹介した。ナイは、リーダーを「人間の集団が共通の目標を設定し、それを達成する手助けをする存在」と定義し、上から誘導する〈ハード・パワー〉と、惹きつけて仲間にする〈ソフト・パワー〉を「組み合わせて効果的な戦略にする能力」、すなわち〈スマート・パワー〉がリーダーには必要であると主張する。池田氏はこの考えを紹介しながら、〈スマート・パワー〉は〈サーバントリーダーシップ〉につながるものだと説明した。

三　〈サーバントリーダーシップ〉への道

池田氏が〈サーバントリーダーシップ〉という用語、ならびにその考えに出会ったのは、この講演から約八年前のことだという。しかし、その出会い以前から、「その精神については、これまでの歩みの中でごく自然に実践してきたような気がします」と語る。

四国八十八カ寺の巡礼地である香川県高松に生まれた池田氏は、幼少時から「お遍路さん」と呼ばれる巡礼者たちに会う機会が多かったという。四国では巡礼者たちに感謝の思いをこめて物を贈る「お接待」という風習があり、池田氏は祖父母がその「お接待」をする姿を見て、「人は社会的存在であり、自分一人で生きているのではない。多くの方々の恩恵、あるいは自然の恩恵の中で、自分自身は生かされている存在である」と思うようになり、さらに「常に感謝の念を持ち、自然や周りのお一人お一人に対するその思いを、ストレートに何らかの形で伝えていくべきではなかろうか」と考えるようになったという。

幼少時に繰り返し言われた言葉からの影響も大きいという。「おかげ様で」という表現から「周りのものに常に感謝の念を持つ」ことを、「お天道様が見ている」という表現から「見えないものに対しての畏敬の念」やその根底にある「宗教観と強い倫理観、道徳観」を、「世間様に申し訳ない」という表現から「公に申し訳ないことは絶対にすべきではないということ、世間様に喜ばれるようなことをすべきであるということ」をそれぞれ学んだと振り返る。こうした環境で生まれ育ったことから、「社会に奉仕をしていくということ、お役に立たせていただくことが人間本来の姿ではないかと、当然のように思ってまいりました」と語る。

この思いは、成長して聖書に親しむようになってからいっそう強まったという。東京神学大学を卒業し、六〇年安保闘争で社会が揺れ動く「大きな時代のうねりの中で、一度社会に出て、自分自身を考えてみたいという思い」から資生堂に入社し、秘書室に配属されたことで、秘書という仕事を通じて、「支える、仕える、あるいはサーバントに徹する」機会を得た。その後、二〇〇一年六月に社長に就任する。「生涯一秘書」を使命としていたが、銀座教会の新渡戸稲造の書“Be just and fear not”（正義を行え、怖れるなかれ）を思い起こし、引き受ける決意をしたという。

ちょうどその頃、経営学者の金井壽宏[2]・神戸大学教授のコラム（金井　二〇〇一）を読み、「人事部、総務部等のスタッフ部門は、組織全体のサーバントに徹するべきである。その精神はサーバントリーダーシップである」という趣旨を知った。それによって、「社長として組織を動かしていくにあたって、このサーバントリーダーシップという考え方を組織全体に広めていこう」と、社長という立場から「全社員のサーバント」になる思いを強くしたのだと語る。

その後、聖書に基づいてリーダーシップを説いた *Leadership by the Book*（Blanchard et. al. 1999）を金井氏より紹介され、同書が〈サーバントリーダーシップ〉に言及していたことから、自分が「信条として歩むべき方向」をさらに強く自覚することになった。「自分の思いに言葉が与えられたという大変大きな喜び」を感じたという。

そして、金井氏との共著『サーバントリーダーシップ入門――引っ張るリーダーから支えるリーダーへ』（池田・金井　二〇〇七）を上梓するに至る。なお、同書で池田氏は女性のサーバントリーダーとしてマザー・テレサ（Mother Teresa）の名前を挙げている。この講演の質疑応答で、「二一世紀は全員参画型の社会」であり、女性のさらなる社会参画が望まれると述べ、職場の環境整備や女性の意識改革の必要性を訴えたことも併せて付記しておきたい。

四　〈サーバントリーダーシップ〉の実践

池田氏は、〈サーバントリーダーシップ〉を実践するにあたり、全社員が共有する理念が必要となり、それは「資生堂の創業の精神以外の何ものでもない」と思い至る。同社の創業の精神は、『易経』の「至哉坤元、萬物資生」（至れる哉坤元、万物資りて生ず）に拠り、社名もこれに由来する。池田氏は、この「天地のあらゆるものを融合して、新しい価値をつくり、その新しい価値をもって社会やお客様のお役に立つ」という精神を理念として社員の心に甦らせ、各部門がそれぞれの役割を十二分に発揮することを呼び掛け、それは社会と顧客に組織全体が尽くしていくことであり、その精神が〈サーバントリーダーシップ〉にほかならないことを社員に向かって強く訴えた。しかし、その真意を理解させることは困難を伴った。

そこで、「実感」として理解してもらうために、池田氏が提示したのが「逆ピラミッド型の組織図」だった。トップダウンリーダーシップが社長を頂点とするピラミッド組織であるのに対して、顧客を頂点として、その次に顧客と接する営業部門、その下に商品開発等を行う研究所、商品企画、宣伝などの本社の部門があり、その下に役員、そして一番下に社長が来るのが「逆ピラミッド型組織」である。「形は逆ピラミッド、精神はサーバントリーダーシップ、そして共有するビジョンは創業の精神であるということ」をさまざまな場面で繰り返し訴え続け、組織全体が顧客や社会に目を向けるという思いが継承されたと語る。池田氏が社長就任直後にメディアのインタビューに答えて、この「逆ピラミッド型組織」を語った（池田　二〇〇二）ことを指して、金井氏は「これが、わが国における、サーバントリーダーシップ元年であったと私は思う」と記している（金井　二〇〇八）。

池田氏の考える〈サーバントリーダーシップ〉の実践の範囲は、自社のみならず、広く社会を視野に入れている。池田氏は、講演当時の世相を、個人におけるエゴイズムや利己主義、企業における利益至上主義や市場原理主義が跋扈した結果、経済危機や社会危機が訪れているとし、奈良薬師寺の高田好胤元管主の言葉、「物で栄えて心で滅びる」そのもののような状態に陥っていると述べた。公共心が失われ、教育の場では知・徳・体のバランスが崩れ、「知識偏重で、心というもの」が失われつつあり、「グローバリズム一辺倒」の経済社会において「グローバルとローカルのバランス、あるいは競争と規律規範のバランス」が崩れていったと憂えた。

　このような状況を乗り越えるためには、大平正芳元総理が提唱した、経済偏重の時代から文化中心の時代への転換や地域の活性化が必要となると強調した。また、「日本の古くからある伝統的な精神」が「他者ありき」であることを再度見直すべきだという。それは、「儒教中心の倫理観、道徳観」や「キリスト教の隣人愛の精神」、仏教の「慈悲の心、利他の心」であり、池田氏が「精神的な支柱」にしている新渡戸稲造の「武士道」の精神、「人間的なやさしさ、卑怯を憎む心、あるいは惻隠の情」であり、近江商人の家訓として知られる「三方良し」の精神でもある。「三方」とは売り手、買い手、世間を指し、「売り手が良いだけでは駄目で、買い手が良くなければならないし、相互に恩恵を浴するものでなければならない。さらに、社会全般、世間全体に対して何かプラスになるものがなければならない」という、池田氏が社長就任以来念頭に置いている精神である。また、「茶は服のよきように点て」に始まる、千利休が茶の心構えを説いた利休七則も、「すべてが、お客様すなわち、おもてなしする他者のために自分があるということ」を訴えているとする。

　以上のように考える池田氏は、教育基本法の改定にあたって、「公共の精神、公の精神」の重要性を特別委員会で訴え、企業のCSR（corporate social responsibility 企業の社会的責任）に関して、「企業は『社会的な存在』であるという認識のもと、事業活動・企業活動の中で社会貢献活動を並行して行うことが重要」だというのがその基本的な考えであると説明するとともに、「三方良し」の精神に通じるものだと述べる。また、公益法人制度改革の委員長を務めた池田氏は、公益法人の活動は政府中心から民中心、個人中心へシフトすることでより厚みと深みのあるものになるとし、社会的な課題にビジネスとして取り組むソーシャルビジネスやその事業母体となるソーシャルエンタープライズの活性化と社会への還元、NPO法人の活動などを含めて、公益は「我々が担うのだという意気込みをひとりひとりが持って対応していく必要がある」と訴えた。

池田氏は、そのために必要となるのは、各人が「サーバントに徹する、すなわち、社会や他者のために少しでも役に立とうという思い」だとし、「社会や他者のために役立ちたいと思うような心の教育」がいっそう大切になってくると力説された。

注

(1) Joseph Samuel Nye Jr.（1937-）. 米国の国際政治学者。ハーバード大学特別功労教授。カーター政権で国務次官代理（安全保障・科学技術問題担当）、クリントン政権で国家情報会議議長、国防次官補（国際安全保障問題担当）を務めた。

(2) 一九五四年生まれ。神戸大学教授。専門は経営管理、経営行動科学。

第三章　女子スポーツ界におけるリーダーシップ

講師：野田朱美

一　企画の趣旨

第三回（二〇〇九年一一月二一日開催）の演題は「女子スポーツ界におけるリーダーシップ」である。女性活躍推進法の成立直後に発表された増島みどり「スポーツ界の女性リーダー」（増島　二〇一五）は、推進法のなかったスポーツ界では、オリンピックメダルの獲得数など、スポーツ界における女性活躍の指標となる数値は、女性アスリートたちの意欲、闘志、アイディアによって達成され、乗り越えられてきたとし、「スポーツ界や、女性アスリートの活躍には、社会や時代をいち早く映し出す『鏡』としての役割もある」と述べている。

第三回の講師に迎えた野田朱美氏は、まさに意欲、闘志、アイディアで数値を達成・更新してきたアスリートである。一九八四年に一五歳（当時史上最年少）でサッカー日本女子代表に選出され、女子サッカーが初めてオリンピック種目に採用されたアトランタ・オリンピック（一九九六年開催）では主将として日本代表チームを率いた。現役引退後も次世代の育成に貢献している。トップアスリートとして、また指導者として、女子サッカー界を牽引してきた野田氏の考えるリーダーシップについてご講演いただいた。

二　野田氏のリーダー五ヵ条

野田氏によれば、トップアスリートで構成される集団のキャプテン像は、おおらかで明るいタイプと泣く子も黙る怖いタイプに大別されるという。前者は選手のことを細かく観察して、厳しいことは言わずに褒め、後者は選手が泣いてもいいから正論を言う。野田氏は前者のタイプに当たると自己分析する。以下はその野田氏の考える「リーダー五ヵ条」である。

①第一条――経験

野田氏は、第一条の〈経験〉について、「どう生かすかが一番大事」だと語り、この講演会の直前にタイで開かれた、一六歳以下の女子の世界選手権（AFC U-16女子選手権タイ二〇〇九、AFCはAsian Football Confederation）でのエピソードを取り上げた。野田氏は、その大会に日本女子代表チームの団長として臨み、三位という結果を収め、それにより一七歳以下の女子ワールドカップの出場権を獲得したところだった。しかし、順風満帆だったわけではなく、初戦は勝利を収めたものの、ゲーム内容としては「ぼろぼろ」だったという。選手たちは緊張感から本来の実力を発揮することができなかった。その姿を見たときに、野田氏自身が同じような経験をしていたことで、選手の置かれた状態が十分に理解できたという。前述のように、野田氏は一九八四年に一五歳で日本女子代表に選出された。初めてピッチに立ち、国歌を聞いたときに涙が流れ、足が震え、頭が真っ白になり、いわゆる「日の丸を背負う」重みというものを一身に感じた経験があった。同じ経験を積んでいることは、チームを率いるリーダーにとって「大きな強み」となると野田氏は語る。プレッシャーを受けながら国際的な舞台に立つことの臨場感、普段の練習環境とは異なる気候、それら一つ一つを得難い「経験」として自分の肌で受けとめ、次のチャンスに生かすように選手たちに伝えたという。リーダーとして経験を生かすとともに、選手にも経験を積むことの重要性を教えたのである。

野田氏は、自身の経験を振り返ると、さまざまな経験が今の自分に役立っていると感じるという。女子サッカーの認知度がまだ高くなかった時期に中学生で日本代表に選ばれ、海外遠征などの活動に対して学校の理解が得られず苦しんだこと、それが原因でサッカーから離れようとしたこと、ワールドカップ出場が現実のものとなったことで気持ちを切り替えて再度サッカーに打ち込むようになったこと、オリンピックに出場したこと、引退後にアメリカに留学してゴルフの世界に飛び込んだものの、プロになることは諦めたこと、結婚を考えた相手と別れたこと、スポーツコメンテーターというセカンドキャリアを選んだこと、新聞のコラム執筆のために必死に勉強したこと。こうしたさまざまな経験があって今の自分があるのだと野田氏は述べる。それが失敗だったかどうかも含めてすべては経験しなければわからないのだから、失敗を恐れず、経験を積むことが大切だと語った。

②第二条――人

第二条の〈人〉とは、「人から学ぶ」ことの重要性をさす。机上の勉強も必要だが、人から学ぶことが一番だと考える野田氏は、時間とチャンスさえあれば、人に会いにいくことを実践している。その場合、必ずしも自分の専門分野だけでなく、他分野の人と会うことも重要だという。

野田氏が「人から学ぶ」ことの最初の例に挙げたのは、女子ゴルフ界の先駆者である樋口久子(1)氏から学んだことである。一九九六年から二〇一〇年まで日本女子プロゴルフ協会会長を務めた樋口氏は、ファンやスポンサーあってのツアーという原点に立ち返った改革を実行し、女子ゴルフ界の活性化を成し遂げたことで知られる。野田氏はその改革に関する話や、選手の教育方法などの話を直接本人から聞くことができたという。

次の例は幼稚園児から学んだことである。サッカーの指導者になるにあたり、幼稚園児を指導できるようになれば、どのカテゴリーでもうまくいくと考え、敢えて挑戦したという。「転がってきたボールを足の裏で止めてみよう」と言ってみたところで、相手には全く理解されない。足の裏とはどこか、ボールが転がる方向と自分の身体の対し方、ボールを入れるゴールはどちらか、といった基本的なことを一体どのように伝えたらよいのか、試行錯誤の連続だったという。幼稚園児から一〇〇歳の人まで、さまざまな人から学ぶことができると野田氏は明言する。

三人目の例は犬飼基昭氏から学んだことである。犬飼氏は三菱重工サッカー部に所属した元選手で、当時、日本サッカー協会会長を務めていた。野田氏は、犬飼氏と会った際に、「気が利かない」との表現を耳にして、仕事ができる、できないということとは別に、気が利くかどうかということも大切な点なのだと気付かされたと明かし、何気ない一言からも学ぶことがあると語った。

③第三条――勇気

第三条の〈勇気〉について、野田氏は、アスリート時代と引退後では勇気を出す必要のある局面が変わったと語る。アスリート時代、野田氏は「勇気のある選手」として知られ、顔面骨折四回という負傷歴をもつ。飛び込めば骨折するかもしれないと思われる場面でも、平気で飛び込んでいったという。それに対して、引退後の現在は、勇気は意思決定の場面で求められると述べる。その大変さに比べれば、顔面骨折の方がよほど楽だという。

何か新しいことを提案するためにプレゼンテーションの資料を作成して現場に臨んでも、いざ、その場になると、提案する勇気がなく、結局持ち帰る、そして再度資料を作り直して持っていく、でもまた勇気が出ない、という繰り返しが長く続いたとのことである。自分の中でブレーキをかけずに、一歩を踏み出す勇気が大事であり、周囲の人間を牽引するリーダーが自ら勇気をもって前に進むことができなければ、説得力は生まれてこないと語った。

④第四条――美学

第四条の〈美学〉について、ビジョンや信念といった表現で言いかえることも可能ではあるとしながらも、野田氏は敢えて「美学」という表現を選択した。アスリートにとっての美学とは、シューズの紐の結び方といった細部から、現役を退く引き際の美学まで、さまざまなものがある。

野田氏は、日本サッカー協会の理事会で、女子のスポーツは、スポーツそのものだけに価値があるのではない、女性としての、人としての魅力を磨くことが必要だと主張しているという。趣旨について誤解を受けることもあり、理解を得るのは容易ではないというが、この主張の真意は、美を追求する姿そのものが美しいこと、日々自分を鍛え、勝負に挑む姿の美しさと、競技外での美しさの両方を兼ね備えて初めて真の女性アスリートの美しさが生まれることを伝えるところにあるという。とくに「なでしこジャパン」の愛称で呼ばれる女子サッカー日本代表選手たちには、日本の女子サッカー界を牽引するリーダーとして、こうした美学が必要になると野田氏は語る。

このような意味での美学に関連して、野田氏はお茶の水女子大学の校歌「みがかずば」とそれにちなんだ本学の女性リーダー育成プロジェクト「migakazuba」に言及した。「みがかずば玉もかがみもなにかせん　学びの道もかくこそありけれ」と、常に自分を磨くことの大切さを説く精神こそ、野田氏の考える美学のありかたに通じるものだという。

⑤第五条——明るく元気で前向き

第五条の〈明るく元気で前向き〉に物事に向き合うことは、リーダーとしてだけではなく、人として生きる基本だと野田氏は説く。野田氏自身、たとえばゴルフのプロに転身するためアメリカに留学したが、目標を果たすことはできなかった。しかし、そのときも思いつめたところで何も始まらないと開き直り、明るさを失うことなく、元気で前向きな姿勢で乗り切ったと振り返った。

とくにリーダーの場合、前を向いて進んでいくことを自分の身をもって周囲に示すことが大切だという。ユース世代のチームを率いる際にも、選手たちから怖がられているとわかると、積極的にコミュニケーションをとり、選手の「目線」に合わせて、明るい雰囲気で接するよう努めたという。また、試合に負けて落ち込む選手たちの中にすでに気持ちを切り替えている一人の選手の姿を見出し、前を向くことの大切さに改めて思い至ったと述べた。

三　最終的なゴール

以上のようなリーダー五ヵ条に基づき、女子サッカー界の発展に尽力する野田氏にとって、最終的なゴールは、サッカーの楽しさを伝え、生涯スポーツにすること、そして女子サッカーの枠を超えて、健全なスポーツ文化を日本に根付かせることに置かれている。これは到底一人の力で成し遂げられる目標ではないと述べながらも、この思いを胸に全国のクラブを訪ね歩く日々を送っている。各地域のクラブで女子サッカーチームの立ち上げを説得して、よい反応が得られなくても、相手が挙げる、できない理由を並べて、一つ一つつぶしていけば、最後には「できる」になるはずだという不屈の精神で全国をまわっているという。本当に不可能な理由が残れば、そのときに潔く諦めて方向転換すればいいのであり、できないと最初から決めつけたり、中途半端に取り組んだりするのは「卑怯」なことだと断言する。

最後に野田氏は、次のような座右の銘を挙げてこの講演を締めくくられた。それは、女優メアリー・ピックフォード(3)(Pickford, M.) の言葉、"we call 'failure' is not the falling down, but the staying down."（失敗とは転ぶことではなく、起き上がらないこと）である。

注

（1）一九四五年生まれ。日本の元プロゴルファー。一九七七年、メジャーの全米女子プロで日本人で初めて優勝。一九九六年、日本女子プロゴルフ協会会長就任。二〇一一年より同協会相談役。

（2）一九四二年生まれ。日本の元サッカー選手。二〇〇八年、日本サッカー協会会長就任（～二〇一〇）。

（3）Mary Pickford（1892-1979）. 米国の女優。サイレント映画時代に活躍し、「アメリカの恋人」と呼ばれた。

第四章　国際性と日本らしさ

講師：小倉和夫

一　企画の趣旨

第四回（二〇一〇年六月二日開催）の講師は小倉和夫氏である。小倉氏は、一九六二年に東京大学法学部を卒業し、外務省に入省された。以後、駐ベトナム大使、駐韓国大使、駐フランス大使、文化交流部長、外務審議官を歴任され、外務省退省後は国際交流基金理事長などを務めている。

この回の演題は「国際性と日本らしさ」である。グローバルな視野に立って国内外でリーダーシップを発揮するにあたって、外に向かって開いていく〈国際性〉と、特定の国ならではの特質を認識する、その国〈らしさ〉をどのように考えればよいのだろうか。こうした問題について、小倉氏に、豊富な国際経験とそれに裏打ちされた深い見識に基づいてご講演いただいた。

二　日本における〈国際性〉をめぐる諸問題

小倉氏は、講演会開催当時の日本社会の状況について、「国際的」であることをよしとする考えが主流だった時代は去り、むしろ「国際性」に対する反発もあるとした上で、だからこそ国際的であるとはどういうことかを改めて考えなければならない時代にあると述べた。村上春樹や吉本ばなの小説、宮崎駿らのアニメ、マンガ、相撲、寿司など、日本の文化は非常な勢いで世界に広まっており、「韓流ブーム」は日本をはじめアジアを席巻した。

そのような状態にあるにもかかわらず、日本における「国際化」とは、要するにウエスタナイゼーション（西洋化）であり、またアメリカニゼーション（アメリカ化）でもあるという。ミラノのファッション、または英語で話すことを「かっこいい」とする一面的な価値観に支配された「国際化」であるということである。

このことを示す統計的な資料として、日本でマクドナルドの店舗数が九〇年代から急激に増えていること、それに対して寿司は世界的に注目されているにもかかわらず、国内での寿司店の店舗数は減少傾向にあることが紹介された。こうした食文化の例の他にも、髪の毛を染める「カラーリング」を楽しむ若い人々が増えていることや、女性誌の表紙をヨーロッパ的な容貌のモデルが飾ることが多いことにも、同様に日本の「国際化」の実態が表れているという。

小倉氏の問題提起は、こうした状況には、日本人が急速に「内向き」になっている、あるいは世界から日本人は「内向き」だと見られているという問題が潜んでいるのではないかということである。そのように考えられる根拠として示されたのは、「国際化」に関わる活動への関心度を表す各種データである。日韓の高校生の国内での英語使用経験の調査結果（ベネッセ教育開発センター調べ）では、「英語で書かれた説明書を読む」「ラジオで英語ニュースを聞く」といった一〇種の調査項目に対する使用経験の有無の割合が、韓国の高校生の場合は五割以上から八割近くが「有」であったのに対して、日本の高校生の場合は「有」は一割未満から三割超にとどまった。また日本の大学生の外国語関連科目の履修者数の推移の調査結果（二〇〇一～二〇〇九年度、高松正毅「教員と図書館との連携による学術情報リテラシー教育を目指して――初年度教育におけるアカデミック・リテラシー教育から図書館利用教育へ」）では、履修者数の減少が認められた。アメリカにおけるアジア人の留学生数の推移の結果（一九九五～二〇〇六年、Institute of International Education, Open Doors）では、インド、中国、韓国、日本、台湾の中で日本は明らかな減少傾向を示している。お茶の水女子大学に関しても、海外語学研修参加者数が減少し（二〇〇四～二〇〇八年度）、海外語学研修への関心度（二〇〇七年度）で「あまり関心がない」「もう少し情報を得た上で検討したい」との回答が多いという結果が出ていることに言及があった。なお、その後、本学の海外派遣プログラムの派遣者数は増加し（二〇一四年度の派遣者合計数は二六四名）、二〇一五年度からは大学独自の奨学金「国立大学法人お茶の水女子大学国際交流事業基金」も始まり、留学支援がより強化されている。

小倉氏は、このような結果は、日本人が「内向き」であること、およびその傾向がますます強まっていることを意味しており、その背景には、「控えめな方が評価される」という日本社会の「非常に大きなルール」があるとの見解を示した。海外に留学して博士号を取得したり、業績を上げたりしても、そのこと自体を日本では社会や企業が高く評価せず、中国や韓国においては、外の世界で自分たちがどう見られているのか理解している人を採用しようとすることと全く異なるという。

さらに、この「内向き」であるという問題は自己表現の問題として考えてみる必要があるという。ここで小倉氏がいう「自己表現」の問題とは、たとえば、同じ香水でも、フランス人は個性の表出のために用いるため日本人よりも強い香りを好む傾向があり、近所に出かける際の服装では、日本人が普段着で済ますのに対して、フランス人は、とくにパリの高級住宅街であれば高級なコートを身にまとうというように、自己表現の方法が国や地域によって異なることを指す。

別の例では、「かわいい」という表現が日本でもてはやされ、またマンガやアニメ、テレビゲームなどのキャラクターやファッションもkawaiiというコンセプトで世界に進出していることが挙げられた。これに関して、小倉氏は国際社会では「かわいい」という表現はimmaturity（未成熟、未発達）と結びつけられることが多いと注意を促した。また、贈り物をする際に、日本では「つまらないものですが」といった言葉を添えて差し出し、どのような意味で贈り物が差し出されたのかを解釈する「贈り物の解釈権」は受け取った側にある。このように日本では非言語的なコミュニケーションが非常に発達しており、それは国際社会で大きな問題となる場合があると述べる。同じウィンクという非言語コミュニケーションでも、日本では相手に気があることを示すが、アメリカでは賛同の意味を示すように、指し示す意味が異なる場合もある。小倉氏は、こうした言語以外の伝達手段によるコミュニケーションについては、国際的な視野の中で考えることが重要だと訴えた。

三　〈日本らしさ〉とは何か

続いて、日本人は集団主義的で、形式主義であるといった「通俗的日本論」の検討に移った。

まず集団主義的であるという点に関して、九〇年代に英字新聞『ヘラルド・トリビューン』に掲載されたマンガが日本の株式会社は儲け主義で企業倫理に欠けることを揶揄したことを例に挙げ、日本の株式会社をこのように批判する論調が八〇年代から九〇年代に起こり、その背景には日本人を集団主義的だとみなす見方があったと説明があった。小倉氏は、レストランで仕事相手を接待する際、飲み物を注文するにあたっても日本人は相手の所属企業の系列の銘柄を選ぼうとし、自動車会社勤務の人は他社が生産する車で通勤することは通常ないというように、集団主義的だといわれる要素も実際にあると認めながらも、スポーツでは日本は個人競技が中心で、宗教についてはヨーロッパの方がはるかに集団主義的だといえると反論を展開した。

形式主義という点に関しては、たしかに日本の文化では歌舞伎がそうであるように、「形」を重んじる傾向が強いと肯定するとともに、世代から世代へと次々に伝達する、文化の継承のために

「形」が重視されてきたことに目を向けるべきだと述べる。この文化の継承意識は、同じアジアでも中国や韓国に比して日本ならではの特徴と見なすことができると指摘する。

言葉遣いの性差も〈日本らしさ〉の特徴だという。日本語にはどちらかと言えば女性が使う、男性が使うという区別（sex referential difference）や、男性しか使わない、女性しか使わないという区別（sex exclusive difference）がある。たとえば英語には「あなた」「きみ」の区別がなく全て“you”であるように、これは世界の言語から見れば、〈日本らしさ〉の表れとして考えられるのである。

〈日本らしさ〉は詩歌にも表れているという。小倉氏が取り上げたのは芭蕉とウィリアム・ワーズワースの作品である。芭蕉の句、「よく見れば　薺《なずな》花咲く　垣ねかな」と、ワーズワースの詩“The Daffodils”（水仙）について、東洋と西洋の差を超えて自然を観賞する精神が存在すると言われることに対して、小倉氏は疑義を呈する。芭蕉の句は、薺が咲いているという生命の息吹に対する感動であり、この場合の「見る人」は第一義的には芭蕉であるが、芭蕉を超えた存在でもあり、通りがかりの人が薺の生命と自分の存在とを重ねて心に響くものを感じるところに芭蕉の詩精神がこめられていると解説する。これに対して、ワーズワースの“The Daffodils”の方は、“I gazed-and gazed-but little thought/ …/ For oft, on my couch I lie/ …/ They flash upon that inward eye”と展開し、主語は各文で“I”、“I”、“They”と推移し、最後の“They”は“Daffodils”を指す。“Daffodils”という花に対して見ている主体は“I”なので、薺と「見る人」が一体化した芭蕉の句とは異なり、ここでは花はあくまで見られる対象であり、対象は客体化されているという。したがって、二つの作品には、実は自然と人間との関係に対する、芭蕉とワーズワースとの決定的な違いが示されており、芭蕉の句は日本人の自然観を示したものとして考えられるという。

いっぽう、これが庭園の例になると、逆の側面が出てくるという。桂離宮の松琴亭庭園は、州浜（石浜）で浜辺を象徴し、橋を出島の岸と中島に架けて、天の橋立を思わせ、松の枝は水面に影が映るように配置するというように、極めて精巧に自然を造り変えている。それに対して、韓国の昌徳宮の秘苑は自然そのものであり、自分が自然そのものの中にいることを感じさせる。したがって、庭園の例からは、人間と自然の一体感や調和が〈日本らしさ〉であるとは言えなくなるということである。

四　〈国際性〉と〈日本らしさ〉

最後に〈国際性〉と〈日本らしさ〉、双方に潜む問題点が挙げられた。それは他者の視線や基準と自分自身の関係である。〈国際性〉にしろ、〈日本らしさ〉にしろ、そのように言ったときに、それぞれについて、他人や他の国から見られる自分を意識し、「こういうふうであるべきだ」「こういうものだ」といった他者が設定した基準を無意識のうちに受け入れ、それに自分を合わせようとすることがあると、小倉氏は語る。〈国際性〉と〈日本らしさ〉とを考える際に、「国際的」であろうとすれば、たとえば英語を話す、レストランでは箸を使わない、というように、「日本的」なものを捨てざるをえなくなる場合もあり、ある程度は自分を国際的な基準に変えていく必要もあるが、そのときに問題となるのは、その過程で実は〈自分自身〉というものが失われていることだと、小倉氏は問いかけた。

この問題を考えるにあたり、小倉氏は、フランスの作家で文化相を務め、かつ日本論も発表したアンドレ・マルロー[1](Malraux, A.)の言葉を引用した。それは、「最も固有のものこそ最も普遍的なものである」という言葉である。これに倣えば、「最も日本的なもの、完全に日本的なものを身につけた人は、実は最も国際的な人なのだという逆説が成り立つ」ことになり、各人が〈日本らしさ〉の概念を身につければ、最も国際的な人になれるのだという。小倉氏は、自国のよい点を見つけたときに、それが自分の国だけでなく、世界で共有できるものと思えるかどうかが、偏狭なナショナリズムに陥らないために肝要であると述べた。

以上を総合して、小倉氏は、国際化の前提条件とは、最終的には自分自身をしっかりと持っていることに尽きると力説された。この場合の「自分自身」とは女性であること、出身大学によるアイデンティフィケーションなど、様々な可能性がある。そうしたものを身につけ、国際社会に出るときに自信をもって歩んでほしいと、最後に来場者に対して、あたたかいメッセージが贈られた。

注

（1） André Malraux（1901–1976）. フランスの作家、冒険家、政治家。ドゴール政権で一九六〇年から一九六九年にかけて文化相を務めた。代表作に *La Condition Humaine*（人間の条件）など。

第五章　東北初の女性知事として

講師：吉村美栄子

一　企画の趣旨

第五回（二〇一二年一月一八日）の講師は吉村美栄子氏である。吉村氏はお茶の水女子大学文教育学部教育学科を卒業後、株式会社リクルート勤務、山形県教育委員会委員、行政書士などを経て、二〇〇九年に第五〇代山形県知事に就任された。山形県はもとより、東北全体でも初めての女性知事だった。全国に目を向けても女性知事は少なく、第五回開催当時、吉村知事、高橋はるみ(1)北海道知事、嘉田由紀子(2)滋賀県知事のわずか三名だけであった。ちなみに、二〇一八年一〇月現在の女性知事は吉村知事（三期目）、高橋知事（四期目）に、小池百合子(3)東京都知事のやはり三名である。

さまざまな分野でなおいっそう女性が活躍することが望まれる中で、とくに女性割合が少ない分野の一つが政治の分野であるが、この第五回では、「東北初の女性知事」としてご活躍中の吉村氏に、ご自身のキャリアの軌跡をお話しいただき、女性が政治分野で活躍することの意義についてご講演いただいた。

二　吉村氏のキャリアの軌跡（1）——知事選まで

吉村氏は一九五一年に山形県で生まれた。一九七四年にお茶の水女子大学文教育学部教育学科教育心理学コースを卒業し、株式会社リクルート（旧リクルートセンター）に入社した。ところが、入社後一ヵ月間は何も仕事が与えられなかった。自分でできることをあれこれ探しながら日々を過ごしているうちに、最初の給料日（振込ではなく現金支給）を迎える。十分に働いていないという気持ちから、給与を受け取ることに対して、「すごく申し訳ない」と思ったところで、新人研修が始まった。あえて一定期間仕事を与えないことによって、新人のモチベーションを高め、そのタイミングで研修に入るという、人間心理を効果的に使った育成方針だったのだと、はたと気づく。吉村氏は、このときの経験は、与えられたことだけをするのではなく、自ら探して仕事をする意識を培ったという意味で、「すべてに通じる」貴重な経験だったと振り返った。

リクルート時代には、尊敬すべき女性の先輩たちとの出会いもあった。採用開発課の女性課長の「バリバリ」働く姿に圧倒された。営業力と文章力にすぐれた先輩からはマンツーマンで鍛えられた。こうした女性の先輩たちの姿は、吉村氏が働く上で良きロールモデルとなった。

入社後二年目に結婚し、翌七七年に妊娠八ヵ月で退社する。家庭の事情で夫婦双方の郷里である山形に帰って出産する。その後、三世代同居の専業主婦として娘と息子の子育てを楽しむ時期を過ごす中で、子どもが昼寝をしている二時間を利用して通信教育で行政書士の勉強を始め、八一年、資格を取得した。夫は、「僕は毎日働いているから光り輝いていくが、君の頭脳は日に日にさび付いていく」と憎らしいことを言いながら妻を鼓舞する人だったが、闘病生活を経て、九七年に四五歳の若さで他界する。吉村氏にとって今までで一番つらい出来事だった。

夫の死をきっかけに、吉村氏は社会復帰を果たす。無理に働く必要はないという家族の声もあったが、娘は大学生で上京しており、既に退職していた義父、義母、息子、自分の生活で、それまで夫が運んできた「社会の風」を家の中に入れるには、自分が外に働きに出た方がよいと考えたという。また、中学二年生だった息子が学校や塾に提出する書類に父母の名前とそれぞれの職業を記入する欄があり、それまでは四つの記入欄のうち三つ（父母の名前と父の職業）が埋まっていたのが、三つ（父の名前と父母の職業）が空白になってしまったのを見て、子どもがどんなに心細い思いをすることだろうかと涙がこぼれ、それならば、「よし、もう一つの空欄を埋めてやろう」との思いで社会復帰を決意したのだという。吉村氏は「母は強し」と述懐した。

吉村氏は、派遣社員として午前一〇時から午後三時まで働き始めたが、月に働いた日数で収入が増減する日給制の不安定さを実感する。九八年、派遣社員として半年ほど働いた頃だったが、大学で教育心理学を専門的に学んでいたことから、山形市総合学習センターでの教育相談員の仕事に声がかかった。こちらは非常勤だったが、ウィークデイの週五日勤務の月給制だった。

その後、やはり教育心理学を学んだ専門性と現場での実績を買われて、同じ年に今度は県の教育委員会委員に推挙される。その後も私立学校審議会委員、農業農村振興懇話会委員、山形市個人情報保護制度運営審議会委員、山形県総合政策審議会委員、山形県入札監視委員会委員など、さまざまな委員を引き受けた。当時はまだ女性委員が少なかったので、「とにかく何でも引き受けて女性の率を高めなければ」という思いがあったという。さらに二〇〇〇年に行政書士事務所を開き、二〇〇七年にはキャリアカウンセリングの勉強を始めるなど、意欲的に活動の幅を広げていった。

こうした姿勢の根源にあるチャレンジ精神について、吉村氏は次のように語った。

私は、「人生無駄なことは何もないな」とその都度思って暮らしてきました。大学時代に教育心理学を学んだことや、専業主婦で培った市民目線、またいろいろな審議会委員を歴任したこと、行政書士を開業したこと、それらのすべてが役に立っています。後輩の皆さんも、どうしようかなと思ったら、ぜひ、一歩踏み出してチャレンジするとよいと思います。学ぶべきこと、吸収できることがたくさんあります。

私も、最初からそんなに積極的な人間ではありませんでした。人生を生きてくる中で、あの時に引き受けておけばよかったというようなこともあったし、いろいろ後悔することもありました。そういう繰り返しの中で、「チャンスの女神には、前髪はあるが後ろ髪はない」という言葉の意味を実感しました。「ちょっとやってみればよかったな」などと後で思っても、チャンスの女神に後ろ髪はないので、もう摑めません。だから「あ、チャンスかな」という感覚がピンとくるようにアンテナを高く張っておいて、「よしっ！」と思ったらバンと一歩踏み出す、そういうことが大事だと思っています。

三　吉村氏のキャリアの軌跡（2）――東北初の女性知事に就任

二〇〇九年、山形県知事選挙に立候補する。前年に山形市で開催された知的発達障害者のスポーツ大会「スペシャルオリンピックス」で、ボランティアとして接遇分野の実行委員を務め、その姿を見た関係者から口説き落とされての決断だった。行政書士として福祉の現場などで現状を変える必要があることを痛感していたことに加えて、他に候補者がいないと聞かされ、悩んだ挙句、「誰もいないのなら自分が出るしかないか」と思うに至ったと語る。

家族や親族に相談したところ、反応はさまざまだったという。すでに父親を病気で亡くすという体験をしている子どもたちは母親の身体のことを心配したり、勝算がないならやめた方がいいという考えで、出馬には否定的だった。同居中の夫の両親は、義父は山形を背負って立つ人材と嘱望された息子の代わりに選挙に立たせたいと賛同し、義母は今の平和な家庭生活が壊れるのは反対だが、出馬せずに後悔されるのも嫌だから自分で決めるようにと言ったという。実姉は男性にかなうわけがないと反対し、実兄は何もチャレンジしないで一生を終わってもいいのかと発破をかけた。

最終的に吉村氏は出馬を決断した。郷土山形をよくしたいという思いがその根底にあったことは言うまでもないが、決め手になったのは、「母親が挑戦する姿を見せてやりたい」という思いだった。心配する子どもたちに返したメールの文言、「人生には勝算に関係なくやらなければいけない時がある」、「母さんの生き方を見ていろ」がその思いを如実に物語っている。

出馬を決意してからは家族一丸での応援を受け、二〇〇九年二月に五七歳で山形県知事に就任する。初代県令の三島通庸(4)から数えて第五〇代目、女性知事としては東北初、全国で六人目だった。

知事選に立候補したことについても、あれは私の人生のちょうど勝負どころだったかなと思っています。五七歳でそういうチャンスが来たのですが、自分がチャンスだと思った時がやはり好機なわけで、年齢は関係ないと思います。「機が熟す」ということでしょう。若い人のこともわかるし、子育てもわかる、介護のこともやっていて大体わかると。要するに人生の中で、今が黄金の時というか、一番よい時期だと思っています。高校時代の同級生などからは、「もう自分たちの人生は終わりだと思っていた頃にこれから始めるという人が出てきたから、ものすごく勇気をもらった」と言われるのですが、もう終わりだなんてそんなことはないですよね。「年齢に限界はない、人生最後まで現役だ」と私は思っています。

就任後は、「心の通う温かい県政」を基本姿勢に、県民の生命と生活を守ることを最優先すること、市町村や現場との対話を重視すること、県民それぞれの主体性や意欲を最大限に発揮できる施策を展開することを推進している。就任までにさまざまな職種を経験し、仕事で収入を得ることの大切さや厳しさについて身をもって知ったことから、雇用対策に力を入れ、「雇用創出一万人プラン」や「山形県雇用安心プロジェクト」を展開した。

知事就任三年目には東日本大震災が起き、県としての対応に努めた。県民の被害状況の把握やライフラインの復旧確保、県民生活に必要な物資などの供給要請を行うとともに、甚大な被害は免れたことから、最初から「応援県」として積極的に支援にまわり、広域緊急援助隊などの派遣や食料などの救援物資の輸送、被災住民への医療支援、被災者の受け入れに力を尽くした。受け入れ被災者数は、二〇一二年一月一日現在で約一万四千人、うち七百人が宮城県、一万三千人が福島県からの避難者だった。これは全国で最も多い人数だった。救助活動を円滑に進めるため、山形空港は被災した仙台空港の代替空港として二四時間体制で稼働した。

吉村氏は、この経験から、日本海側と太平洋側とがそれぞれ代替機能・補完機能を十分に発揮できるよう、東北全体を俯瞰した復興が必要だと語った。また当時、山形県内のほぼ全域で大規模停電が起きたことから、地域分散型のエネルギー供給を考える必要を訴えるに至った。

知事自らが県の魅力をアピールする、いわゆるトップセールスにも積極的に取り組んでいる。本講演会でも、歴史遺産、「食彩王国」「果樹王国」と呼ばれる所以の特産品、自然など、山形の豊かな魅力が紹介された。たとえば一二年の歳月をかけて開発した県のブランド米「つや姫」については、「母」として、春には田植え、秋には稲刈りを行い、「『娘をよろしく』というスタンス」で、「娘」の素晴らしさをアピールしているという。

男女共同参画の推進にも力を尽くしている。二〇二〇年までに国のあらゆる分野で指導的地位にある女性の割合を三〇パーセントまで引き上げることが国としての目標に掲げられているが、山形県の場合は、講演会開催時現在で、県の審議会等への女性の起用率は三七・七パーセント、県職員の女性管理職は三・四パーセントだった。吉村氏が知事に就任してから、二〇〇九年度に県政史上初の女性の部長級、「子ども政策監」を誕生させ、翌年度にはその人を「子育て推進部長」に任命した。二〇一一年度には、女性専門職（福祉心理）を次長級として福祉センターの所長に起用した。主幹課長にも女性を配置している。

同じく講演会開催時、市町村審議会等への女性の起用率は二〇・八パーセント、県内企業での役職・管理職への女性の就任割合は一三・八パーセントだった。また、俗に「三ちゃん農業」と言われて、「爺ちゃん・婆ちゃん・母ちゃん」の「三ちゃん」が農業の実質的な担い手となり、女性が頑張っている割には農業委員に女性はいなかったが、六四四人のうち四五人が女性になった。各市町村にいる教育委員も女性の割合が三〇パーセントに近づきつつある。また、山形県は、二五歳から四九歳の女性労働力率が日本で一位、夫婦共働き世帯割合も全国二位と、労働力率の高さは全国トップクラスを誇る。

男女共同参画社会の実現へ向けて、山形県としては、ワーク・ライフ・バランス推進協定の締結、企業経営者に対するトップセミナーの開催、男女いきいき・子育て応援宣言企業登録制度による総合支援、ワーク・ライフ・バランス優良企業知事表彰、やまがたイクメン応援プロジェクトを推進している。吉村氏は、「女性の視点でいろいろな技術やアイテムが生まれ、新製品が誕生」している状況にも言及し、「女性の活躍によって、経済も活性化する、会社も発展するということのすばらしさ、社会的効果の大きさには目を見張るものがあります。女性も十分な活躍ができる環境を整備していかなくてはならないと思います」と抱負を語った。

四　女性知事の誕生と活躍に対する反響

女性知事の誕生、ならびに前述のような吉村氏の活躍は、県民に大きな変化をもたらした。たとえば、県民、とくに女性が新聞の一面から読むようになったという。地元紙に掲載される知事の日録、「吉村知事の日程」という欄を毎日必ず読む人も多いという。吉村氏は、自分の存在によって、政治が身近なものとして受け取られるようになってよかったと語る。

また、吉村知事の存在が、未来を生きる女の子にとってのロールモデルになっているという。山形県庁では、夏休みに県内全域から小学生を県庁に招いて、「子ども知事室」を開催している。「一日知事」の辞令をもらった子どもたちが、吉村知事と歓談したり、県庁を見学したりする催しである。これは女児限定の催しではないが、女性知事になりたい、女性初の総理大臣をめざす、と宣言する参加者も出てきており、東北初の女性知事の存在は、女の子たちが性別にとらわれずにさまざまな可能性があるということに気づくきっかけになっていると語る。

ウーマン・オブ・ザ・イヤー二〇一〇のキャリアクリエイト部門も受賞した。ウーマン・オブ・ザ・イヤーについては、本書第八章を参照していただきたいが、吉村氏の受賞理由は「東北地方初、全国六人目の女性知事に。専業主婦からキャリアを再スタートして知事就任というロールモデルを提示した。夫との死別を機に、再就職を果たし、教育相談員の仕事を機に数々の委員を歴任。人生後半で新たなキャリアを築く」だった。受賞について、吉村氏は自分だけの力ではなく、家族や友人、県民の力のおかげだと感謝していると謙虚に語った。

※

吉村氏は、このようにご自身の軌跡と現在の活躍についてお話しくださった。活躍を支える言葉の数々も披露された。米沢藩第九代藩主上杉鷹山の「なせば成る　なさねば成らぬ何事も　成らぬは人のなさぬなりけり」を座右の銘とし、「水を飲むとき、井戸を掘った人を忘れるな」という中国の諺や、「笑う門に福来たる」という言葉から感謝の心や明るさを忘れないことを心掛け、「我以外　我師」という言葉を戒めの言葉として心に刻み、「最初は誰でも素人」という言葉を励みにしているという。

そして、後に続く女性たちには、迷った際には躊躇せず、チャレンジしてほしいと語りかけた。講演は、「ほんの少しの勇気を持って一歩前に踏み出す、それだけで人生は結構変わるものです。

いろいろなことをやってみると面白いことがたくさんあります。プラス思考で一歩前に足を踏み出すというのも、本当に大事なことではないかと思っています」という言葉で締めくくられた。

注

（1）一九五四年生まれ。一九七六年、一橋大学経済学部を卒業し、通商産業省に入省。大西洋国際問題研究所（在パリ）研究員、中小企業庁経営支援部経営支援課長、北海道経済産業局長、経済産業研修所長を経て、二〇〇三年、北海道知事に就任。二〇〇七年に再選、二〇一一年に三選、二〇一五年に四選。

（2）一九五〇年生まれ。一九八一年、京都大学大学院農学研究科博士後期課程修了、滋賀県庁に入庁。琵琶湖博物館総括学芸員、京都精華大学教授を経て、二〇〇六年、滋賀県知事に就任。二〇一〇年、再選。

（3）一九五二年生まれ。一九七六年、カイロ大学卒業。アラビア語通訳、ニュースキャスターを経て、政治家に転身。環境大臣、内閣府特命担当大臣（沖縄及び北方対策）、内閣総理大臣補佐官（国家安全保障問題担当）、防衛大臣などを経て、二〇一六年、東京都知事に就任。

（4）一八三五―一八八八。明治期の官僚。一九七一年、東京府参事として明治新政府に出仕。一八七四年、酒田県令に転出し、一八七六年、初代山形県令となる。県令は、一八七一年の廃藩置県によって県に置かれた長官の名称。

第六章　社員と共に創り上げたビジョン

講師：足立直樹

一　企画の趣旨

第六回（二〇一二年六月二〇日開催）の講師は足立直樹氏である。足立氏は一九六二年に中央大学法学部法律学科を卒業し、凸版印刷株式会社に入社した。その後、同社の常務取締役、専務取締役、代表取締役副社長・社長などを歴任し、二〇一〇年より代表取締役会長を務める。

この回のテーマはリーダーシップとビジョンである。ビジョンをフォロワーに提示して、ビジョンの実現に積極的に関わらせるビジョナリー・リーダーシップ（Nanus 1992）の考え方に見られるように、リーダーシップを発揮する上で組織やチームのメンバーとビジョンを共有することが重要であることはよくいわれるが、では、実際にどのようにビジョンを作り上げ、またそれを共有したらよいのだろうか。この回では、凸版印刷株式会社、また広く印刷業界をリーダーとして先導する足立氏をお招きし、「社員と共に創り上げたビジョン」と題して、「TOPPAN VISION 21」の策定とその共有をめぐる経験をご披露いただきながら、足立氏が考えるリーダーシップのあり方についてご講演いただいた。

二　「TOPPAN VISION 21」の策定

足立氏が凸版印刷に入社したのが一九六二年。就職に際して、新聞記者だった父は、給与は貯蓄にまわすのではなく、好奇心と夢をもって自分自身に先行投資せよと諭したという。入社後、チラシ、カタログ、カレンダーなどの商業印刷に関わる営業の仕事にたずさわる中で、先輩から、印刷の勉強をするより、担当業界について勉強するように言われて驚いたと振り返る。足立氏は、印刷の勉強が不要とは、印刷会社の社員が印刷のことを知っているのは当たり前であり、当たり前のことは当たり前のようにやるようにとの教えだったと解釈する。さらに重要なのは、現在の「顧客第一主義」や「顧客志向」という考え方に立った言葉であることだとし、この言葉が顧客との間に信頼関係を築き、多方面にわたって人脈を作るきっかけになったと語る。

足立氏は、こうした周囲の言葉に学びながら多様な業界の営業を担当し、前述のように副社長などを経て、社長に就任するが、要請を受けた際にいったんは辞退したという。家族の鼓舞で翻意して受諾したと明かし、リーダーに立つ覚悟を決めるのに家族の絆が大きな力となったと述べた。

社長に就任した二〇〇〇年は、凸版印刷の創立一〇〇周年に当たる。同社は、一九〇〇年に創業した凸版印刷合資会社に起源をもつ。凸版印刷合資会社は、明治政府の招きで来日し、印刷技術を指導したイタリア人技術者のキヨッソーネ[1]（Edoardo Chiossone）の指導を大蔵省紙幣寮（現在の国立印刷局）で受けた印刷技師たちによって創業された。社名の「凸版」は「エルヘート凸版法」という当時最先端の印刷技術の名称による。凸版印刷では二〇〇〇年を「第二の創業」と位置づけ、新しいビジョンを策定した。これは、一〇〇年の歴史の結実と二一世紀に向けた創成を目的に、自社のあるべき理想像を定め、全社員が目標を共有しようとするものである。

その「TOPPAN VISION 21」は、企業像としての企業理念、経営信条、行動指針、そして事業領域から構成されている。これに関して、企業理念とは企業として最も大切にすべき価値観や考え方、めざすべき姿であり、経営信条とは、夢を実現させるための心構えとして、実際の行動にあたっての規範をまとめたものである。そして行動指針は、企業人として、さらに社会人としての基本的な考え方や実際の行動のあり方を定めたガイドラインであるという。また、事業領域とは、具現化すべき事業の方向性を示したもので、策定時には情報・ネットワーク系、生活環境系、エレクトロニクス系のほか、パーソナルサービス系と次世代商品系の五つに分類されている。企業理念や経営信条が普遍的なものであり、策定後も長く継承していくべきものであるのに対して、事業領域は社会のニーズや経営環境、事業の状況を反映していく必要があるため、五年ごとに見直しが図られ、行動指針は法令の改正などに合わせて適宜見直し、追加や変更が行われるという。

ビジョンの策定にあたっては、足立氏が現場から本社配属となった一九九六年末に策定することが決まり、翌九七年四月に、気鋭の若手社員を全社から集めて、総勢約三〇名の策定プロジェクトが立ち上げられた。そこでは、約一年半をかけ、自社の強みと弱みを見直し、社会情勢や市場環境の解析を行い、自社の未来を徹底的に議論した。事業分野ごとに分科会で検討した内容を、隔週で実施される定例会議に提案して討議するという手順がとられ、メンバーには定例会議に参加するコアメンバーと、分科会でコアメンバーとともに重要分野の課題を検討する分科会メンバーがいた。

当初は問題意識やモチベーションにずれがあったが、外部の識者のレクチャーをメンバーが一緒に受けたり、役員へインタビューしたりすることを通じて共通の認識や自分たちのビジョンを創っていくという意識が芽生え、やがて議論が白熱するようになっていったという。経営層にきめ細かく活動報告を行ったのも、このプロジェクトの特徴だという。これによって、プロジェクトの主体となった若手から経営層まで、同社の進むべき方向性や考え方の統一が図られた。

一九九九年九月に、当時設置されていた一〇〇周年記念事業推進委員会に基本構想を答申して承認を得た後、実際の事業活動の戦略として具体化するために、事業セクションごとに推進プロジェクトを立ち上げて議論を重ねた。二〇〇〇年四月に、当時副社長だった足立氏から藤田弘道社長に最終答申を行って「TOPPAN VISION 21」を制定し、同年六月に凸版印刷の創立一〇〇周年記念式典で、足立氏の社長就任と合わせ、全社に向けて発表するに至ったとのことである。

三　ビジョンの共有

このように策定された「TOPPAN VISION 21」で、全社員の企業観、価値観として頂点に置かれたのが、「私たちは　常にお客さまの信頼にこたえ　彩りの知と技をもとに　こころをこめた作品を創りだし　情報・文化の担い手として　ふれあい豊かなくらしに貢献します」という企業理念である。入社当時に先輩から教わった「顧客第一主義」がここに生かされているが、「作品」という表現は、当初策定プロジェクトのメンバーの案では「製品・サービス」となっており、足立氏自ら「作品」に変更することを提案したのだという。この表現にこめられた思い、ならびにそれをどうメンバーに伝えたのかを、足立氏は次のように語った。

たとえば、日本画の画家が描いた絵は、その人にとっては非常に重要な作品であり、デザイナーが心を込めて仕上げたデザインも、その人にとっては作品なのです。それらが時として、われわれ印刷会社の手に渡され、印刷物になる際に「製品」として取り扱われてしまうのです。それではいけない。凸版印刷が作った印刷物は「作品」でなければいけない、という思いで、私は「作品」論を説きました。凸版印刷は単なる製品を作るのではなく、あらゆるもので「作品」を作っているという意識を全社員が持つことが非常に重要だと思い、繰り返し繰り返し

「作品」論を唱えました。

最初はその語彙選択に違和感を持ったメンバーたちも、足立氏の思いにふれて納得し、企業理念に「作品」という表現が採用されることになった。足立氏は三年間という月日をかけて真剣に議論して、ビジョンをともに考えてきたメンバーだからこそ、自分の考えを受け入れてくれたのだと述べた。

このようにメンバー間で共有されたビジョンを、今度はいかに全社員で共有するのかが課題となった。足立氏は、一部のトップやビジョンの策定メンバーだけでなく、社員全員が当事者意識を持つことが重要だと語る。そのために、ビジョンの理解に役立つ冊子を作成して全社員に配布したり、社内報で特集を組んだりするとともに、策定メンバーが日本全国を巡り、社員に向けて説明を繰り返した。足立氏自身も現場に立つことがリーダーに求められる資質だという考えから、全国の工場や事業所を訪問するたびに、多様な角度から繰り返し話をして、ビジョンの共有に努めたという。

そうした中で、ある工場を視察した際、出荷前のクラフト紙での梱包を担当する女性従業員から、「社長、私もきれいに梱包包装という作品を作っていますよ」と言葉をかけられたという。企業理念に盛り込んだ「作品」という表現とそこにこめられた思いが理解されたことに喜びをかみしめるとともに、ビジョンの浸透のためにはさらなる努力を、と気持ちを新たにしたと振り返った。

四　ビジョンの実現

社員と共に創り上げ、共有したビジョンは、その後、さまざまな形で実現された。足立氏は、「ふれあい豊かなくらしに貢献します」と謳った社会貢献の実現の例を紹介した。一〇〇周年記念事業の一環で創設された印刷博物館は、印刷文化の伝承と発展に寄与する国内初の本格的な博物館として開館した。同じく記念事業の一環で創設されたクラシック音楽専用の「トッパンホール」は、質の高い音楽の提供、若手アーティストの育成、地域住民との交流、チャリティコンサートによる子どもや女性が教育を受けることが困難な国々の識字率の向上支援など、さまざまな形で社会に貢献している。その他、文化財のデジタルアーカイブ化による保存と公開を目的としたバーチャルリアリティ「トッパンVR」では、印刷で培ったデジタル技術を応用し、ヴァチカンのシスティーナ礼拝堂の壁画や、奈良・東大寺の大仏、中国の故宮博物院の文物など国内外の文化財や世界遺産をテーマにVR作品を制作している。さらに東日本大震災の被災者への支援では、社員の発案によって、義援金を届けるだけでなく、被災地の仮設住宅を巡回する移動図書館のサービスを提供した。足立氏は、企業には利潤の追求だけでなく、「社会から信頼され、尊敬され、その上で強い会社でなければならない」という社会的責任（CSR：corporate social responsibility）があり、そのためにも、ビジョンを社員で共有し、働きがいを常に問いかけ、社員のやる気を引き出すことがリーダーの重要な役割の一つだと語った。

また、足立氏は、リーダーにとって、ビジョンの実現に向けて重要となるのが、「人財」育成だと語る。これは、組織を構成する各人を自社の最大の財産ととらえ、その気持ちをこめて、「人材」ではなく、「人財」と表現しているのだという。「TOPPAN VISION 21」の策定プロジェクトの実施には、若手社員の教育と意識改革を行うねらいもあり、自社の未来がどうあるべきか、若い社員と議論を重ねる中から新しい製品や事業のアイディアが生まれ、オープンで風通しの良い企業風土が培われるという考えが背景にあった。

女性の「人財」育成と活躍支援に関しては、第六回講演会開催当時、凸版印刷単体で一一四五名の女性社員が在籍し、そのうち管理職と監督職は約一八〇名だった。これは五年前と比較して、社員における女性の割合は一・五倍に、管理職における女性割合は二倍に増加している。女性の管理職への登用や女性の「人財」の活用について、なおいっそう進めていきたいとのことで、女性ならではの視点を生かすために、女性課長の下に女性だけのメンバーを配置した課の新設という取り組みも紹介された。

その他、「人財」育成システムとして、「面のローテーション」と「トレーニー制度」の導入についても紹介があった。前者は、入社後に配属された事業部で定年まで勤め上げることが多かった状況から、多様な事業領域を経験できるように変え、幅広い見識を持つ「人財」を育てるシステムである。後者は、海外でのビジネス現場を経験するための研修である。

※

以上のように、足立氏は、「TOPPAN VISION 21」を策定した実体験に基づき、リーダーとして組織を構成する人たちとビジョンを一緒に創り上げて、共有することの意味についてお話しくださった。足立氏は、ビジョンを通じて、理念を共有することがさらに多くの共感を呼び、人を動かしていき、社会や組織をあるべき方向や望ましい方向に動かしていく「真の意味でのリーダーシップ」につながっていくと確信している、という力強い言葉で講演をまとめられた。

注

（1）Edoardo Chiossone（1833–1898）. 一八七五年に来日し、大蔵省紙幣局（現・国立印刷局）に招かれ、近代的な製版法、凹版彫刻、印刷技術を伝えた。

第七章　情報を読んで・発してリーダーになる

講師：北村節子

一　企画の趣旨

第七回の「リーダーシップ論」（二〇一三年六月一九日開催）の講師は北村節子氏である。北村氏は、一九七二年にお茶の水女子大学文教育学部史学科を卒業し、読売新聞社に編集局記者として入社し、調査研究本部の主任研究員などを経て、第七回講演時は法務省の中央更生保護審議会委員、そして現在は高エネルギー加速器研究機構の監事を務められている。

この回では「情報を読んで・発してリーダーになる」と題して、リーダーシップを発揮するために必須となる情報との付き合い方について、情報をどのようにインプットして、またアウトプットしたらよいのか、新聞報道の現場で活躍された豊富な体験談を交えてご講演いただいた。

二　三五〇倍を突破した女性新聞記者として

北村氏が読売新聞社に入社したのは一九七二年。「知りたい、見たい、聞きたい」という好奇心を生かせる職業を考えた際に、メディアの道に進む選択肢が浮かんだという。母方の祖父が「ささやかな」地方新聞社を経営していたことも、新聞というメディアへの関心につながったという。

大学に掲示された求人案内には「男子。なお、編集は一部女子も可」とあり、受験者の大半を男子学生が占めていた。北村氏は三五〇人が受験した女性の中でただ一人採用された。ご本人は運もあったと振り返りながらも、難関を突破した理由と思われることを二つ挙げた。一つは、日頃から新聞を読む学生であったこと、もう一つは試験に課された作文で評価されたことである。

後者について、そのときの作文のテーマは「環境と私」だったというが、北アルプスで高山植物を監視するアルバイト経験があった北村氏にとって、環境問題は「机上の話」ではなかった。自分自身の体験を織りまぜながら、環境に関する考えを論述したのが評価されたのではないか、とのことである。このような体験談を実例に、北村氏は、「知識を日常生活の自分の実感と組み合わせて咀嚼するということ」が、情報を発信する上で重要なポイントであることを伝えた。

三五〇倍の難関を突破して入った世界は、文字通り「男社会」だった。読売新聞社では、講演時には東京本社の全社員三二二六人のうち女性は五〇三人に、一三九六人の記者のうち女性は四二一人になっていたが、北村氏の入社前は一七年間、入社後も七年間、女性の採用はなかったという。しかし、新聞社で女性記者が果たす役割が、料理や衣服の記事の担当から、社会の中で女性が働くことなどをテーマにした記事の担当へと変わってきた時期でもあった。そうした方面で活躍できる人材を求める社の期待を受けて、北村氏は社会部に配属された。

その一方で労働基準法で「女子保護規定」(1)がもうけられており、女性の新聞記者もその保護枠に含まれていた時期でもあった。「女子保護規定」とは、女性の労働を時間外・休日勤務の制限などによって規制したものである。読売新聞社の東京本社では午前一時頃が記事の締切だったが、北村氏の場合は、この規制のもと、午後十時になると帰宅を指示され、しかし実際にはそこで切り上げては仕事にならないため、「勤務」ではなく、本人が「好きで残ってる」という名目で終電まで働くこともあった。北村氏は、「実態とルールが非常にちぐはぐな時代」だったと振り返る。

その後、この「女子保護規定」は一九八五年の女子差別撤廃条約の批准にともない、大部分が撤廃され、女性が働く環境は変わっていくが、それでも女性が実社会に出て、いわゆる「紅一点」の状況に置かれるケースがないわけではない。北村氏は、この「紅一点」の状況では、女性は一見大事にされているように見えるかもしれないが、実際は女性にとって「とても居心地が悪いもの」であること、なぜならそこでは男性と対等な関係性が構築されていないからだと述べた。加えて、保護される立場を脱することは勇気がいることでもあると指摘した上で、保護がある場合には、「保護はちゃっかり受けなさい。しかし、それに甘えては駄目です」と、きっぱりとした口調で断言した。

ところで、北村氏の入社当時、記者以外で雇用される女性もいた。「労働者派遣事業の適正な運営の確保及び派遣労働者の保護等に関する法律」、いわゆる労働者派遣法制定前の非正規雇用者である。アルバイトや臨時雇用を継続する形で雇用された彼女たちには、お茶くみやコピー取りなどの、俗にいう「雑用」が割り当てられていた。入社後、そうした女性たちの働き方に疑問を覚えた北村氏は、後輩の女性記者と組んで、「うちの会社で働くすべての女性に適正な待遇を！」と、労働組合の大会で待遇改善を求めたという。この件は瞬く間に社内中が知るところとなり、その結果、北村氏は部長に呼び出され、「ちょっと地方に出ないか」と言われることになる。

この件で北村氏が実感したのは、「中間管理職の力量」だった。打診という形をとりながら地方勤務を命じた北村氏の上司に対して、一緒に動議を出した後輩女性の上司の場合は、同様の話を上から受けたものの、「組合と業務は無関係」として、はねつけていたことが後日わかったという。部下が社内で問題視されるような行動をとった場合に、中間管理職がどのような振る舞い方をするのか。北村氏は、自身と後輩の上司の対照的な対応から、働く上で重要な視点を得たと振り返る。

地方勤務を切り出された北村氏が思い浮かべた選択肢は次の三つだった。一つ目が、「冗談じゃありません。何で私がそんな不当な扱いを受けなくちゃいけないんですか。組合で当然の権利を行使しただけでしょう」と正論を主張する。二つ目が、「行けばいいんですよね。本当にすみませんでした」と泣きながら反省の弁を述べる。三つ目が、「そろそろ雇用機会均等法ができて、地方勤務が女性にも許される時期がすぐ目の前に来ている。しかし、私は地方勤務をしていない。だから、むしろこれはチャンスだ」と考えて話を受ける。以上の三択である。

このうち北村氏が実際に選択したのは、三つ目だった。当時、新聞社では新人記者はまず地方の支社に配属されるのが通常だったが、同期全員にその辞令が出た中、深夜労働や泊まり込み勤務がある地方支社に女性記者を配置することはできないという理由により、北村氏は地方支局での経験を積むことがないままでいた。したがって、北村氏は時代の変化を読み、ピンチを記者として成長する自己実現のためのチャンスに変えたということになる。

こうした経緯を経て八王子支局で二年半勤務することになる。当時のことを、「本当に、生の人々と触れ合うということを経験できて、私はとてもエキサイトしました」と振り返る。

「エキサイト」した経験とは、たとえば墓苑開発の悪質業者の摘発記事である。無許可のまま墓苑開発を企む業者を見つけ、裏付けをとり、売り出し二日前のスクープ記事となった。記事が原因で北村氏は業者から恐喝されることになるが、その件を相談した支局長から、「それがどうした。いい話じゃないか。それも書け」とかえって激励され、「新聞社というものの力」、言論の力を、自分のこととして実感するに至ったとのことである。

北村氏は、このような経験を積む中でやがて人口問題に関心を深め、少子高齢化や労働力不足について発言を始めることになる。北村氏の着任当時、高度経済成長のもとで八王子では人口が激増し、それにともない、郊外の宅地化が進むなどさまざまな変化が生じたが、北村氏が摘発した墓苑開発の問題も、実は人口増と高齢化によって亡くなる人が増え、それがビジネスになり、八王子で霊園が増えることになったことを背景としていた。つまり、現場で自分の目でとらえた墓苑開発という具体的な現象から、その背後にある人口問題へ行き着いたのである。北村氏がこのエピソードを通して伝えたのは、「具体的な現象があったとき、それを統括して現象を見る、一つ上の見方というものに気がついてほしい」ということであった。

三　現代に生きる女性とリーダーシップ

続いて北村氏は、日本における一〇歳代から二〇歳代にかけての年代の女性が置かれた位置とそのことの意味を改めて考えてみるよう促した。その際に指標として示したのは平均寿命である。日本の女性の平均寿命は、講演会開催の二〇一三年には八六・六一歳で二年連続世界一であった。また比較事例として、アフリカの「サブサハラ」と呼ばれるサハラ以南の国々のように、平均寿命が五〇歳に満たない国や地域の例が挙げられた。世界的状況のもとで考えれば、衛生制度が整い、感染症の恐怖におびえて暮らすことも、子どもの高い死亡率の中で出産することもない現代日本に生まれたことは、その時点で「ラッキー」なことだが、それと同時に「グローバルなレベルで、リーダーシップを持つべき responsibility（責任）がある立場にある」ということだと語る。

次に一年を一センチとする仮定のもと、女性の生涯を九〇センチのリボンにたとえ、子育てにエネルギーをとられる時期はそのリボンのどの位置にあたると考えられるかと問いかけた。日本女性の初婚年齢の上昇にともない、三〇歳前後で第一子出生、三四～三五歳で第二子出生という出産年齢を平均とすれば、三〇センチから四〇センチ、あるいは四五センチの位置までが、母親であることに多くのエネルギーをとられる時期、すなわち「ママの時代」ということになるという。

これが平均寿命が五〇歳だった戦前の女性の場合であれば、早い年齢で結婚・出産を経験し、かつ平均五人の子どもを出産していたことから、五〇センチのリボンしか持っていないところに、二〇センチを過ぎた地点から「ママの時代」が始まり、四五センチでようやく終わりを迎えたかと思えば、すでに人生の終わりが近づいていることになるという。それに比べれば、現代日本の若い女性は、「ママの時代」を終えてから四五センチ（四五年）が残っている計算になる。

北村氏は、平均寿命の延びは老老介護といった新たな問題も引き起こしたが、女性が「自己実現の時間」をもつという「革命的」な変化をもたらし、どのようにしたら「自己実現」が図れるか、その方法を考えなければならなくなったのだ、と意味づける。女性たちはハピネス（happiness 幸運）を得た分、オブリゲーション（obligation 義務）を負うことにもなり、「現代に生きる女性は皆、それぞれの立場でリーダーシップを持たなければならない」と自覚を促した。

少子化が進み、人口減少社会へと転じた現代日本の状況は、明治維新に匹敵するほどの大変革であり、この「人口Uターンの時代を、将来を見据えて、どうやって乗り切るか」が、現代日本の若い女性に課された「宿題」だと語る。大変革の時代を生き抜くために必要なのは、「食べる手段」

を持つことともに、「リーダーとして社会に対して責任を果たすこと」だとも語る。北村氏のいう〈リーダーシップ〉とは、「自分自身の身をキープした上で、プラスアルファとして、世の中の制度に関してコミットしていく（関わりをもつ）こと」であり、「自分が変だと思ったことには、『ちょっとこれは違うんじゃない？』という声をあげて、世の中のメカニズムを変えていく努力をすること」である。変だと思うことに行きあたった際に、「私さえ我慢すればいいんだ」と思うか、「いや、これは変なので変えましょうよ」と声に出して言えるかは、個々人の「リーダーシップに対しての意識次第」だというのが、氏の考えである。

この点に関して、北村氏は自身が責任をもって社会にコミットしてきた部分もある、と語った。新聞というメディアで発信し続けたことが一つ、もう一つはその実績が評価されて、派遣労働に関する審議会の専門部会（労働力需給制度部会）で委員を務めたことを挙げた。後者では、労働者派遣法の二〇一二年の改正時に、マージン率（派遣先から受け取る料金に占める派遣料金と派遣労働者に支払う賃金の差額の割合）に関する情報開示を実現させた。これにより、派遣労働者は自分で派遣会社を選択するための情報の幅を広げられたはず、と見ている。

四　リーダーシップを発揮するための「情報変換装置」の磨き方

講演の最終部は、〈リーダーシップ〉を発揮する際に重要となる情報のインプットとアウトプットのために、「情報変換装置」を磨く実践的「お稽古」であった。北村氏によれば、得た情報をどう考え、どう行動するのかは、自分について広い視野から考える「哲学力」にかかっており、アウトプットする際には、言語の力とともに、自分の中の「精密なモノサシ」が必要になるという。情報をインプットし、アウトプットする際に、これでいいのかと考える態度、それを北村氏は「情報変換装置」と呼び、それを意識的に磨くことが求められると語る。

「情報変換装置」の磨き方のコツを修得するための最初の実践的な「お稽古」は、情報の読み方、変換の仕方である。「お稽古」の材料は、「OECD加盟諸国の労働生産性」（日本生産本部『日本の生産性動向二〇一二年版』）、「女性の年齢階級別労働力」（財務省統計局『労働力調査二〇〇九年版』）、「高齢化の推移と将来推計」（『内閣府・高齢社会白書　二〇一三年版』）の三種のグラフであった。北村氏は、グラフを見た来場者の関心のありどころを確認しながら、日本の長時間労働と生産性の低さ、日本人の非効率的な時間の過ごし方といった問題へ注意を促した。さらに不必要な丁寧さが女性により求められる日本社会のあり方に言及し、旧来の「美徳」にとらわれず、「フランクな女」になることが望ましいと伝えた。

二番目の「お稽古」は、発信力を磨くコツについてである。〈リーダーシップ〉というと、発信力に関心をもつ人が多い傾向があるが、北村氏は、むしろそこに至るプロセスがより大事だという見方を示す。その上で、発信するコツとしては、ロジカル（論理的）に話すこと、具体的なストーリーとそれを裏打ちするデータを組み合わせること、自分の主張をしっかり言語化してセンテンスとして認識すること、明るく話すこと、以上を身につける必要があると述べる。

　三番目の「お稽古」は、新聞や新書の読み方を磨くコツについてである。信頼性のある情報とそうでない情報がランダムに混在するネットに比べ、信頼性と社会性のある情報を整理し、かつ一覧性にすぐれた新聞を大きなインプット材料として読むこと、さらには各紙を読み比べることで、リーダー的な立場になる人に必要な情報を得て、多様な意見があることを知ることになる。第七回開催当日の朝刊で主要八ヵ国首脳会議（G8サミット）のニュースが一面に掲載されたことを例に、自分には関係が薄いように思われることだったとしても、世界の大きな仕組みが動くということは、いずれ自分の生活に関わってくるかもしれないことであり、このときのG8の主要議題となった国際的な企業の課税逃れの問題が、将来企業に就職した際にその企業の命運をにぎるものになりかねない。このように、リーダーシップを発揮するには、今、世の中で何が起こっているのか、自分の関心事以外にも広く知ることが必要となると述べた。また、新書など、課題提起的な出版物を読み、出会ったわからない言葉を調べ、突き詰めて自分のものにして、情報としてインプットすることが、態度決定のための大きな材料となるとも述べた。

　さらにより「実利的な情報」として、よい靴を履くということが挙げられた。体にフィットした靴で足元を固め、フットワークを軽くし、姿勢よく歩く人。これが北村氏が講演の最後に示された、よい仕事をこなす女性像の具体的なイメージである。

注

（1）労働基準法では女性労働者の時間外・休日勤務の制限、深夜勤務の原則禁止がもうけられていた。一九九九年に撤廃されたが、坑内労働の禁止や生理、妊娠、出産時期などの女性の労働規制は続いている。

第八章　メディアにみる女性リーダーの変遷

講師：野村浩子

一　企画の趣旨

第八回の「リーダーシップ論」（二〇一四年六月一一日開催）の講師は野村浩子氏である。野村氏は、一九八四年にお茶の水女子大学文教育学部国文学科を卒業し、『日経WOMAN』編集長、『日経EW』編集長、日本経済新聞社編集委員などを経て、二〇一四年より淑徳大学人文学部教授を務められている。

この回のテーマは、「メディアにみる女性リーダーの変遷」である。時代の移り変わりとともに絶えず変化をとげ、また時代の先を読み、時代を動かしていくメディア。その中で作り出される働く女性像や女性リーダー像はどのような変遷を遂げてきたのか。リーダーをめざす女性はそこから何を学び取るべきか。メディアの現場から働く女性たちを応援し続けてきた経験をもとにご講演いただいた。

二　野村氏のキャリアの軌跡

野村氏が、「働く女性のための情報誌」として創刊された『日経WOMAN』（日経BP社）の編集長に就任したのが二〇〇一年、四〇歳のときだった。それまでに、ビジネスマン向けの雑誌『日経アントロポス』の編集部で、編集や記者の基本的なスキルを実践的に身につけ、その後、『日経WOMAN』編集部に移り、副編集長として後輩を指導し、現場をまとめる立場を経験していた。

その後、日本に女性管理職、女性リーダーが増えてきた機運を受けて、二〇〇七年に、野村氏を編集長に、日本初の女性リーダー向け雑誌『日経EW』（Elegant & Executive Woman）を創刊する。キャッチコピーは、「責任を、になう女性は、美しい」。時代の方向性は確実にとらえていたものの、商業雑誌が成立するほどには女性管理職の数が増えていなかったことにより、残念ながらわずか一年で休刊を余儀なくされる。

さらにその後、『日本経済新聞』に出向する。『日経WOMAN』を発行していた日経ホーム出版社（現・日経BP社）の編集者が男女半々の比率だったのに比べて、極端に男性比率の高い新聞社で、男性中心社会の現実と、女性の就業やライフスタイル、企業の女性人材活用というテーマを見つめ直すとともに、全国紙ならではの特性を生かしてどう情報を伝えるのかを改めて学んでいった。

出向期間が終わると、今度は個人投資家向けの雑誌『日経マネー』編集部に配属となる。ここでは、「女性活躍推進を企業価値の向上や業績アップと結びつけて考えるという新しい視点」を獲得するなど、仕事の幅が広がるが、働く女性をテーマにした執筆・研究をライフワークにしたいという思いから、二〇一四年、「リーダーシップ論」第七回開催の年に退職し、フリー・ジャーナリストと大学教員に転身する。

このように、自身のキャリアの軌跡を振り返った野村氏は、メディアに女性が増えたこと、育休制度などを活用し、結婚・出産後も仕事を続ける女性も増えてきたことを指摘する。『日本経済新聞』では働く女性に対する支援策が打ち出され、女性に関わる記事を掲載するための面も新たに作られた。野村氏は、こうした変化を素晴らしいものだと一定の評価を下すとともに、世論の形成に大きな影響を与えるマスメディアに女性がさらに増えることが望まれると強調した。

三　『日経WOMAN』にみる働く女性の意識の変化

『日経WOMAN』の創刊（一九八八年）から約三〇年に及ぶ同誌の変化には、働く女性の意識の変化が映し出されているという。野村氏は、具体的に示された変化を次のようにまとめた。

まず創刊当時は日本社会がバブル期に向かう高揚期だった。八六年に男女雇用機会均等法が施行され、「私たち女性も希望すれば、男性と同じように仕事のチャンスを手にできるだろう、総合職として採用されたら面白い仕事を任せてもらえるだろうというような、夢と幻想に満ちあふれた時代」で、それを受けて、『日経WOMAN』では、「サクセス転職」「留学でサクセス」のように、「サクセス」がキーワードになった。

九〇年にバブル経済が弾けると、総合職で入社した女性の夢と現実のギャップが話題になるようになる。すると、それならば、好きなことを仕事にしたい、起業したい、といった意識が芽生え、『日経WOMAN』は、「『好き』を仕事に」をキーワードに据えるようになる。九〇年七月号の特集は「一度しかない人生だから『好きなこと』を仕事にする」であり、九五年二月号の特集は「女性社長になる！　その秘密は」だった。

九七年、いわゆる「山一ショック」が起こる。山一證券や北海道拓殖銀行といった大手企業が経営破たんし、「安定した大手企業に勤めている男性と結婚すれば一生安泰」といった幻想が崩れ去る。これを境に読者の意識が変わったという。働く目的を問うと、それまでは「自己実現のため」という回答が多かったのが、「自立の基盤を築くため」に変わった。野村氏は、「バブルの残り香」のもとでの「ふわふわっとした仕事意識」から地に足のついた仕事意識へと変わったと解説する。

当時の『日経WOMAN』のキーワードの一つが「結婚しない幸せ」だった。急速なシングル化の中で、シングル・ライフを貫くことに自信の持てない女性を応援する特集も組まれた。九八年八月号の特集は「結婚しない幸せ　する幸せ」だった。

また、長引く不景気で、収入が下がり続け、頑張って働く先輩を見ても幸せそうに見えないという実感から、「自分らしく」「自然体」で働きたい、ワーク・ライフ・バランスを重視して仕事と家庭を両立させたい、という意識がどんどん高まってくる。『日経WOMAN』でも、二〇〇一年六月号の特集「ハッピーキャリアへの最新ルート発見」のように、「ハッピー」や「自分らしく」といったキーワードを経て、「そこそこOL」「自然体」「ワーク・ライフ・バランス」がキーワードになる。

二〇〇三年になると、非正規雇用の女性比率がついに正規雇用の比率を上回る。年収二〇〇万、三〇〇万ぐらいで頭打ちといった状況が見えている女性も少なくない。そうした中で、「一生モノの仕事術」「マネー力」がキーワードになる。二〇一二年一一月号の特集は「おひとりさまのマネー計画」であり、一四年五月号の特集は「一生モノのマネー力を身につけよう！」だった。

四　「ウーマン・オブ・ザ・イヤー」にみる女性リーダー像

『日経WOMAN』が創刊後まもなく実施した調査によると、上場企業の女性管理職の一〇人のうち九人が係長だった。現在の統計では、厳密には係長はグループリーダーで、管理職という場合、課長以上を指すが、ほとんどが係長というのが当時の実情だったと野村氏は振り返る。その後も本来はリーダーとして育成されるべき総合職の離職率が高く、女性社員の定着率が低かったこともあり、女性管理職比率は少しずつ高まったものの、それほど大きな変化はなく、したがって、働く女性にとってのロールモデルも少ない状態だったという。

そこで、同誌が、働き続ける女性のロールモデルを誌面を通して読者に提示しようという意図で一九九九年に始めたのが「ウーマン・オブ・ザ・イヤー」である。ヒット商品やサービスを作り出した人を対象にしたヒットメーカー部門、ビジネスや社会貢献でリーダーシップを発揮した人を対象にしたリーダー部門、時代を先取りした方法でキャリアを切り開いた人を対象にしたキャリアクリエイト部門など、部門ごとにその年に活躍した女性を表彰している（表彰方法を変え現在も継続）。

初回の大賞受賞者は、NTTグループでiモードの事業を立ち上げた松永真理氏(1)（ウーマン・オブ・ザ・イヤー二〇〇〇、受賞時四五歳。以下、括弧内は受賞年、受賞時の年齢）。保守的な企業で新規事業のリーダーを女性が務め、大ヒットを収めたことが、野村氏には新鮮な驚きだったという。

野村氏は、「ウーマン・オブ・ザ・イヤー」の約一五年を、大賞受賞者の顔ぶれを中心にみることで、日本に多彩な女性リーダーが登場してきたことがわかると次のような具体例を挙げた。

理系の女性では、東芝で3Dテレビの開発を手がけた福島理恵子氏(2)（二〇一一大賞、三九歳）、アメリカのテルモハート（テルモの子会社）で補助人工心臓を実用化させた野尻知里氏(3)（二〇〇八大賞、五五歳）が受賞している。

社会貢献分野では、海外の紛争地支援や東日本大震災の被災地支援で活躍するNPO法人JEN理事・事務局長の木山啓子氏(4)（二〇〇六大賞、四五歳）や、東日本大震災で看護師派遣の組織でリーダーシップを発揮した石井美恵子氏(5)（二〇一二大賞、四九歳）らが受賞している。

経営者では、以前は女性ならではの視点を活かした起業家が多かったが、性別にかかわらない分野で優れた経営者が登場してきたという。DeNA創業者の南場智子氏[6]（二〇〇七大賞、四四歳）、「町工場の星」のダイヤ精機社長・諏訪貴子氏[7]（二〇一三大賞、四一歳）、長野県小布施町の「桝一市村酒造場」を再建したセーラ・マリ・カミングス氏[8]（二〇〇二大賞、三三歳）の名前が挙がった。

また、二〇歳代、三〇歳代の若い年代のリーダーが登場してきたことも注目されると語る。「ウーマン・オブ・ザ・イヤー」が回を重ねるうちに、受賞を目標に頑張る女性たちが出てきたという。ワーク・ライフバランス社代表の小室淑恵氏[9]（二〇〇四、キャリアクリエイト部門）のように実際にその目標を達成した人もいる。

こうした多彩な受賞者の特徴とはどのようなものだろうか。野村氏は、キャリアや肩書きが上になれば性別は関係なくなるが、その点を考慮した上でも、彼女たちには女性リーダーとしての共通項を強く感じると語る。それは、ビジョンやミッションを部下と共有すること、共感を呼ぶようなストーリーを語ること、国籍、性別、価値観、雇用形態が異なる多様な人材を束ねる、いわばチェンジメーカーとして新しい仕組みを作りだしていくこと、である。

野村氏にこのような印象を抱かせたエピソードが次々に披露された。たとえば、DeNAの南場氏は、人間関係も組織も、上下関係をつけないフラットなものをめざし、「高い目標と権限を与えれば、人は自然に動き出す」とインタビューに答えた。テルモの野尻氏は、自分たちの仕事の社会的な意義をさまざまな国の出身のスタッフに繰り返し語りかけることで、信頼し合える組織を作り上げた。桝一市村酒造場のカミングス氏は、日本酒の木桶仕込み復活を全国の酒蔵に呼びかけるにあたり、職人の高齢化により今復活させないと文化が途絶えることを説明するにとどまらず、北斎の浮世絵に描かれた木桶を例に出して、木桶をつくる音が街の中に響く情感あふれる光景を含めて日本の文化を失っていいのかと訴える。それによって、絵が目に浮かび、音が耳に響き、五感に訴えるストーリーが聞く者の心を動かしたのだと野村氏は解説する。またNPO法人JENの木山氏は、被災地支援では支援地の自立のために現地のリーダーを育てることも大切だと語ったという。

野村氏は、こうした女性リーダーが発揮するリーダーシップには、ビジョンを語って皆を巻き込んでいく「ビジョナリー型」と、上から縦の系列で指令を出すのではなく、下から支えるように部下やスタッフをサポートしてやる気を引き出し、自主的に動かすようにする「サーバント型」が多いと分析する。ただし、同じ女性リーダーといっても、個々人の得手不得手やタイプがあり、また局面によって採用すべきタイプも異なるので、「ボトムアップ型」、みんなの意見を聞いて吸い上げる「吸い上げ型」、現場の第一線に立ちつつ部下のマネジメントもする「プレイングマネジャー型」など、その他のタイプも併せて、人によって、また局面によってさまざまなリーダーシップを使い分けできればいいとの見解を示した。

五　メディアに登場する女性リーダーから、何を、どう学ぶか

「ウーマン・オブ・ザ・イヤー」では、活躍する女性のキャリアの軌跡を示すキャリアチャート

を採用している。これは、グラフの横軸で時間を、縦軸で仕事の満足度を示し、キャリアのスタート地点からの仕事に対する満足度の推移をみるものである。野村氏は、女性リーダーのキャリアに関するインタビューを読む際に、こうしたキャリアシートが付されている場合はそれを参考にし、また付されていない場合であっても、そのインタビューを読みながら自分で頭の中でキャリアチャートを描くことを推奨する。

野村氏は、女性リーダーのインタビューからキャリア形成のヒントを得るポイントを三点挙げた。

第一にリーダーは「雲の上の人だから私には関係ない」と思わないことである。インテグレックス社代表の秋山をね氏[10]（二〇〇五大賞、四四歳）は、日本人の、しかも女性がトレーダーになるなど不可能だと外国人の上司に言われたことに奮起して、現在のキャリアを築くことになるが、秋山氏のキャリアも営業アシスタントから始まったことを例として示す。

第二にチャンスを生かして成功した女性リーダーに対して、「なぜその人にチャンスが巡ってきたのか、そのチャンスが巡ってくるためにどんな布石を打っていたのか」を考えることである。彼女たちは、何もしないで待っていたわけではなく、夢や希望や目標を常に語っていたり、セミナーや講演会、勉強会などに積極的に出かけて、自分の関心事をアピールしたりするなど、何か行動を起こしているからこそ、チャンスをつかんだのだと語る。

第三に「失敗から学ぶ力」を学ぶことである。キャリアシートは通常、「山あり谷あり」の軌跡を示す。「谷」、つまりピンチをどのようにチャンスに変えたのかを学ぶことが大切だという。秋山氏の例でいえば、出産退職と離婚が時期的に重なったときに、大学院で学び直し、アメリカの公認会計士の資格を取り、外資系の証券会社に再就職を果たした。野村氏は、キャリアの「谷」で、何を考え、どう行動したのかという点を学んでほしいと語る。

次に、新聞のインタビュー記事からロールモデルについて学ぶ方法の紹介があった。野村氏は、リーダーシップを学ぶのに適切な教材として、『日本経済新聞』の人物インタビュー欄を薦める。同紙の読者層の多くが管理職や経営者などのリーダー層であることから、掲載される人物インタビューでも、その人のリーダーとしての資質がいかに育まれたのか、どのように人を束ねていったか、といった視点が盛り込まれることが多いと理由が説明された。

野村氏自身、同紙の連載インタビュー「人間発見」で女性リーダーを取り上げてきた。その中で最も印象的だった女性リーダーとして、女性で初めて世界銀行の地域担当副総裁をつとめ、南アジア地域の開発経済を担当した西水美恵子(11)氏の名前を挙げた。野村氏が感銘を受けた、西水氏のリーダーシップのあり方は、現場主義を貫き、現場に権限を委譲すること、途上国を支援するにあたり、貧困という環境を自ら体験し、そこから組み立てたビジョンを部下と共有すること、などだったという。

最後に、野村氏は、これから女性リーダーをめざす若い人へのメッセージとして、全員がリーダーになる資質をもっていることとともに、「課題を見つけたら、それを見過ごさずに当事者意識を持って自分で行動する勇気を持つ」こと、「共感できる仲間とつながる」こと、「失敗を恐れずに立ち上がる」こと、問題を「解決する『仕組み』をつくる」こと、以上がリーダーシップを身につけていく要件であると訴えた。

注

（1）一九五四年生まれ。一九九七年、NTT移動通信網株式会社（現在のNTTドコモ）入社。ゲートウェイビジネス部企画部長としてiモードの企画開発にあたる。二〇〇〇年にNTTドコモを退社し、松永真理事務所を設立。二〇〇二年、バンダイの取締役に就任。著書に『iモード事件』（二〇〇〇、角川書店）。

（2）一九七一年生まれ。一九九五年、東芝入社。裸眼3Dディスプレイの研究に従事。映像情報メディア学会技術振興賞開発賞、発明協会全国発明表彰21世紀発明賞などを受賞。現在、東京都議会議員。

（3）一九五二―二〇一五。心臓外科医としてキャリアを積んだ後、一九九一年からテルモ株式会社で人工心臓の開発に従事。二〇〇三年、同社米国法人テルモハート社長兼CEO就任。著書に『心臓外科医がキャリアを捨ててCEOになった理由』（二〇一五、東洋経済新報社）。

（4）一九六〇年生まれ。NPO法人JEN理事・事務局長。一九九四年、JEN創設に参加。旧ユーゴスラビアの地域代表として難民・避難民支援活動に従事。二〇〇〇年から現職。二〇一六年、アカデミア賞国際部門受賞。著書に『誰かのためなら人はがんばれる』（二〇一〇、かんき出版）。

（5）一九六二年生まれ。看護師、NPO法人災害人道医療支援会（HuMA）常任理事、東京医療保健大学教授。スマトラ沖地震・津波災害、中国・四川大地震、東日本大震災などで支援活動を行う。著書に『幸せをつくる、ナースの私にできること』（二〇一三、廣済堂出版）。

（6）一九六二年生まれ。株式会社ディー・エヌ・エー代表取締役会長。一九九九年、同社を設立、代表取締役社長に就任。取締役、取締役会長を経て、二〇一七年より現職。著書に『不格好経営――チームＤｅＮＡの挑戦』（二〇一三、日本経済新聞出版社）。

(7)　一九七一年生まれ。精密金属加工メーカーのダイヤ精機株式会社代表取締役社長。二〇〇四年、父の急逝にともない、専業主婦から同社社長に就任。サーバントリーダーシップの考え方に基づき、経営改革を進める。著書に『町工場の娘』（二〇一四、日経ＢＰ社）があり、ＮＨＫでドラマ化された。

(8)　一九六八年生まれ。米国出身。一九九一年、来日。一九九八年、小布施堂、並びに桝一市村酒造場の取締役に就任。国際北斎会議を誘致。二〇一四年、桝一酒造、小布施堂役員を退任し、現在、株式会社文化事業部代表取締役、ＮＰＯ法人桶仕込み保存会代表理事。

(9)　一九七五年生まれ。株式会社ワーク・ライフバランス代表取締役社長。二〇〇六年に同社を設立。休業者の職場復帰支援システム「armo」（アルモ）（日本ブロードバンドビジネス大賞受賞）を開発。著書に『働き方改革――生産性とモチベーションが上がる事例20社』（二〇一八、毎日新聞出版）など。

(10)　一九六〇年生まれ。株式会社インテグレックス代表取締役社長。米系証券会社勤務を経て、二〇〇一年、社会責任投資（ＳＲＩ）および企業社会責任（ＣＳＲ）の推進を行うインテグレックス社を設立。著書に『社会責任投資とは何か――いい会社を長く応援するために』（二〇〇三、生産性出版）など。

(11)　一九四八年生まれ。プリンストン大学助教授（経済学）を経て、一九八〇年、世界銀行に入行。一九九七年、世界銀行南アジア地域担当副総裁に就任（～二〇〇三）。著書に『貧困に立ち向かう仕事――世界銀行で働く日本女性』（二〇〇三、明石書店）など。

第九章　未来を担う若き友人たちへ

講師：遠山敦子

一　企画の趣旨

第九回（二〇一六年五月一八日開催）は、スペシャルタナーレクチャー「二一世紀の女性の生き方」に特別ゲストとして登壇された、元文部科学大臣の遠山敦子氏による講演である。

タナーレクチャーは、一九七八年にオバート・タナー（Tanner, O.）(1)が設立し、human value（人的価値）に関する学術的、科学的取り組みにおいて、国際的に優れた功績と能力を有する人物を講師に迎えて開催する講演会である。オックスフォード大学、ケンブリッジ大学、スタンフォード大学、カリフォルニア大学バークレー校、ユタ大学、ミシガン大学、ハーバード大学、イェール大学、プリンストン大学の各学長が構成する委員会が運営にあたる。お茶の水女子大学は、その特別版であるスペシャルタナーレクチャーの日本初の開催校に選ばれた。多様な分野で活躍する女性リーダーを輩出してきた実績が評価されてのことである。

遠山氏は、会場に詰めかけた若い聴衆、とくに本学学生をはじめとする女性たちに向けて、「未来のリーダーとなるべき若き友人たち」と呼びかけ、これからの社会にいかにひとりひとりが貢献していくべきか、ご講演くださった。

二　遠山氏のキャリアの軌跡

遠山氏が東京大学文科一類に入学したのが一九五八年。法学部か経済学部に進学できる文科一類入学者八〇〇人の中で女性はただ一人だった。法学部公法コースに進んだ氏は、就職を考える時期を迎え、ある大手企業を男子学生と一緒に訪問すると、人事課長から、「うちの会社は女性の重役は要らない。帰っていただきたい」という言葉を浴びせられたという。日本の経済成長が始まり、各企業は学卒者の採用に積極的だったが、女性には門戸を閉ざしていた時代だった。

遠山氏は、それまでは学校教育の場でも家庭内においても男女差別を受けたことがなかったと語る。一九三八年に三重県桑名に生まれた氏が物心ついたときには日本は戦時中だった。エンジニアだった父は戦地に出征しており、母が氏と兄を守り育ててくれた。「明治生まれのしっかりとした考えを持った家庭人」だった母が繰り返し言い聞かせたのは、「これからは女の子も仕事を持って、世の中のためにお役に立つ人になるのですよ」ということだったという。まだ五、六歳だったが、これは「幼心にもずしりとくる教え」だったと振り返り、娘が職業人としてしっかりしたポジションを持って生きてほしいとの期待があったのだろうと語る。このような環境で育った遠山氏にとって、企業訪問時の出来事は初めて実感する「女性差別の現実」となった。それに加えて、当時は、女性が男性と同じように機会を与えられ、かつ給与の差別もない職業は、公務員、弁護士、医師、教員などに限られていた。そのため、国家公務員試験を受け、「霞が関の住人」となったという。一九六二年のことである。

その頃、既に労働省、厚生省、外務省など、複数の省に優秀な女性たちが入省していた。さらに、遠山氏が卒業する一九六二年には文部省が初めて女性の採用に門戸を開いた。遠山氏は、「先輩のいないところでやってみたいという気持ち」をもとに文部省初の女性上級公務員として入省して、「パイオニアとなる道」を選ぶ。以後、三四年間公務員として勤務し、その間、大使、美術館長を歴任した。そして、二一世紀に入った最初の年、小泉純一郎内閣で文部科学大臣に就任し、内閣主唱の構造改革の一環として、国立大学を法人化し、「世紀の大改革」を果たすことになる。

三　社会のために働く上で大事なポイント

母から教わった、「性別に関係なく人は社会のために働くべし」という価値観は、遠山氏が生きる上での指針となったという。遠山氏は、社会のために働く上で重要なポイントを三つ挙げた。

第一のポイントは、仕事は常に全力でやり通すことである。遠山氏の場合、学校教育、社会教育、学術研究の振興、文化行政など、さまざまな仕事を体験した。それぞれに専門性の高い分野であるので、その都度、当該分野について一から学ばねばならなかった。各課に配置されると、まず猛烈に勉強して、その課の守備範囲の中で、最もやるべきこと、最も期待されていながら解決されていない課題は何かを見極め、目標を定める。次に、戦略を練り、それに従って具体化していった。

大きな仕事であれば、協力してくれる仲間を作ることが重要となる。遠山氏は、同じ課の仲間との協力体制を作り、周辺の人たちを説得し、さらに省内、他省庁、政治家にも説明するという形で、協力の輪を広げていったという。法令を改正したり、予算を獲得したりするのは、決して容易なことではなかったが、目標を達成したときの関係者の笑顔を見て、喜びの声を聞いた際に感じる手ごたえは格別なものがあった。課題が難しければ難しいほど、やり遂げた時の達成感は大きいものだった。その積み重ねが人間としての成長の糧になると語る。

第二のポイントは、失敗を恐れず、挑戦する精神を持ち続けることである。これからの時代には新たなことへのチャレンジが不可欠であり、優れたイノベーションが生まれるかどうかが、今後の日本の存続と成長の鍵だと説明し、「どんな分野でも、どんな小さなことでも、前例にとらわれず、よりよき状態を求めて挑戦する精神が大事です」と訴えた。

ここで遠山氏が披露したのはトルコ大使時代のエピソードである。氏は、一九九六年、トルコ大使に就任したが、帰任間近の九九年八月、イスタンブールに近いマルマラ海で大地震が発生した。トルコ首相から直々に、地震大国である日本の政府への協力要請があり、外務省に依頼して直ちに医師団の派遣、地震の専門家の派遣などを行い、大使館では日本人在住者、日本人旅行者の安否確認を行った。さらに特別にトルコ軍のヘリコプターに自ら乗り込み、被害を受けた現地へ向かった。

現地で予想をはるかに上回る甚大な被害の状況を目の当たりにした遠山氏は、被害に遭った四県の各知事とも面談し、住む場所の提供・支援が最も必要とされていることを掌握する。思案の上で浮上した案は、阪神淡路大震災で仮設住宅として作られたプレハブの再活用であった。兵庫県知事の賛同を得、また民間の船をチャーターして九〇〇〇キロ離れたトルコに輸送すれば億単位の費用がかかるところを、海上自衛隊の自衛艦による輸送協力をとりつけ、実現にこぎつけたという。

しかし、実現に至るまでには幾多の困難が待ち受けていた。自衛隊の船が本務以外で海外に荷物を輸送するなど前例がなく、国会では野党が強硬に反対した。それでも難局にひるむことなく前進し続けたのは、遠山氏の胸に、一八九〇年に日本からの帰路、台風で船が沈没したトルコ兵士を日本政府や地元の日本人が救援し、日本とトルコの友好関係の起点となった「エルトゥールル号事件」への思いがあったからだという。「トルコの一大事に自衛艦で日本からの好意を示せれば、両国の歴史に画期的な友好の絆が加わる、との信念」をもとに、「ブルーフェニックス作戦」と名付けられたこの支援策の実現に向けて連日連夜手を尽くしたのだと語る。

遠山氏は、このエピソードを通して、仕事には常に全力投球をすること、失敗を恐れず挑戦すること、その際、前例がなくても、前例を変えてでもやるという精神を持ってほしいと改めて語り掛けた。さらに、仕事にはロマンが重要だと付け加えた。一世紀前の「エルトゥールル号事件」に思いを馳せる、世紀を超えたロマンが遠山氏に力を与え、「不可能を可能」にしたのだった。

第三のポイントは、社会のためにという使命感を根底に据えることである。「ブルーフェニックス作戦」の遂行をはじめ、遠山氏自身がこの信念と勇気をもって仕事にあたってきたが、ここで紹介されたのは、第一章で小林氏も挙げた緒方貞子氏の功績である。国連難民高等弁務官として世界を飛び回り、防弾チョッキを着て紛争地帯に出向き、渾身の力を尽くして働いたこと、従来の国連にはなかった方策を考え、関係者を説得して実施し、困難な状況にある多くの人々を救ったことを挙げ、緒方氏以外にはなし得なかった、「強い信念を持っておられたがゆえの偉業」と称える。

その緒方氏の言葉の中から、とくに遠山氏が感銘を受けたもの（緒方　二〇一五）が紹介された。国連難民高等弁務官として、国内避難民への支援など新たな取り組みへの決断を下したことに関する、「人の生命を守ることが一番大事なことで、そのことに従来の仕組みやルールがそぐわないならルールや仕組みを変えればよい」との発言であり、また、そうした変化の中で守り続けた点として答えた、「人間を大事にするという価値です。そのためにあらゆる工夫をして、力を合わせてきたのです。（略）『人の命を助けること』。これに尽きます。生きていさえすれば、彼らには次のチャンスが生まれるのですから」との発言である。遠山氏は、緒方氏が、前例がなければ変えればよいと考えている点、人命を大切にするという信念に基づいて「人間の安全保障」という概念を創り出して活動を続けていることに深い共感を覚えると語った。

四　未来のリーダーとなるべき若き友人たちへのメッセージ

国際テロの頻発と脅威、難民問題、民族的・宗教的対立の引き起こす世界各地での地域紛争、グローバル経済下での世界的な経済停滞と見通しの不透明さ、地球温暖化とこれまでにない気候変動、世界的なエネルギー資源や食糧の不足、感染症の発生と伝播、インターネットの普及とそのメリット、デメリットなどさまざまな課題に直面する二一世紀において、「未来のリーダーとなるべき若き友人たち」に遠山氏から次のようなメッセージが贈られた。

それは、第一に「英知」ある人になってほしいということである。ギリシャの哲学的政治家のキケロの言葉、「政治家には英知と雄弁がいる。英知なき雄弁は世を害し、雄弁なき英知は世を動かせない」を引き、政治家をはじめ、国や組織を率いるリーダーは、まずは英知を持って、何が本当に必要なのか、何が最もいい戦略なのか、何が本当に世の中のためになるのかを十分に考え、その上で真の勇気とやり遂げようとする情熱を持って実現に向かってもらいたい、と訴えた。

第二に、「ハード・チョイス」（hard choices 困難な選択）を厭わないでほしいということである。この点に関しては、ヒラリー・クリントンの国務長官時代の回顧録（Clinton 2014）の一節が引用された。それは、“All of us face hard choices in our lives. Some face more than their share. We have to decide how to balance the demands of work and family. ……. Life is about making such choices. Our choices and how we handle them shape the people we become. ……. In making these decisions, I listened to both my heart and my head. Along the way, ……to learn, to adapt, and to pray for the wisdom to make better choices in the future.” というものである。(2) 遠山氏は信念をもって戦うヒラリーが訴えたかったことがここに凝縮されていると語った。

第三に、「自らとこの国に自信をもって世界へ羽ばたけ」ということである。遠山氏は、「人は生涯学び続けることで、自分の専門に直接関係のあることだけではなく、この世のあり方、あるいは哲学、歴史、倫理、そういったものについての知識を深め、自己を高めると同時に他者を思いやる。この精神をもち続けてもらいたい」、「自分の選んだ仕事、あるいは奉仕を通じて、社会の役に立つことを生き方の根底に置いてもらいたい」、「日本文化と日本人であることに誇りをもって、他文化を尊重してもらいたい」という言葉でこの講演を結ばれた。

注

（1） Obert Tanner（1904–1993）. 米国の哲学者。一九七八年にタナーレクチャーを設立。

（2） 日本語訳（二〇一五）では該当箇所は以下のように訳されている。「人生において、人は誰しも困難な選択を迫られる。一部の人は、人よりさらに困難な選択を強いられる。仕事と家庭のバランスはどうとるのか。（略）人生とは、そうした選択の繰り返しである。選択と対処が自分自身を形作っていく。（略）これらの決断（引用者注——結婚・出産のために弁護士としてのキャリアを捨ててワシントンD.C.からアーカンソー州へ移住するという決断、大統領夫人として医療保険制度改革に取り組み、自分専用のチームを発足させるという決断、オバマ大統領の要請を受けて国務長官に就任する決断）を下す際、私は自分の心と頭の声に耳を傾けてきた。（略）未来に向けて、よりよい選択ができる英知を求めて、学び、順応し、祈りを捧げてきた」。

第十章　ダイバーシティと『ダイバーシティ』
――性別によらず多様な個人が生き生きと生きられる社会とは

講師：山口一男

一　企画の趣旨

第一〇回（二〇一六年七月九日開催、協力：経済産業研究所、お茶の水女子大学附属図書館）の講師に迎えたのは、計量分析や統計的分析手法の開発で国際的に活躍されている社会学者の山口一男氏である。女性活躍推進やワーク・ライフ・バランスなどをテーマにして講演されることの多い山口氏だが、〈ダイバーシティ〉の尊重（valuing diversity）に関する氏の基本理念を伝える著書『ダイバーシティ――生きる力を学ぶ物語』を主題にご講演いただいた。

二〇〇八年に東洋経済新報社より刊行された『ダイバーシティ』は、社会学的な考え方や見方に基づいた新しい形の文学として、〈ダイバーシティ〉の本質を問うたものである。この点に関わる著者の自負は〈社会学者だからこそ書ける文学〉という扉の言葉に端的に表れているだろう。

本書は、刊行後まもなく労働経済学者の大沢真知子氏による書評（大沢　二〇〇九）等で取り上げられ、また著者自らもインタビューで創作の意図を語っている（山口 二〇〇九）が、読む者それぞれにダイバーシティ推進の重要性を考えさせる本書の意義は、刊行から時を経てますます大きくなっているとと言ってよい。各企業は人事部にダイバーシティ推進部門を設置し、多様な人材登用への取り組みに力を入れ始め、また、望ましいリーダーのあり方が語られる際に、多様な人材の個性を引き出すリーダーシップについて耳にする機会も増えた。〈ダイバーシティ〉はまさに現代を語るイシューとなった。第一〇回の「リーダーシップ論」は、こうした状況に鑑み、本書にこめた思いを改めて山口氏ご自身に語っていただき、来場者と共に〈ダイバーシティ〉の本質を考える機会として企画した。なお、この回は第一〇回という節目の回であることから、通常よりも長い時間設定で開催した。そのため、本書でも他の回よりも紙幅を割いて講演内容を振り返ってみたい。

二　『ダイバーシティ――生きる力を学ぶ物語』

①執筆の動機

講演は、社会学者である山口氏が文学作品である『ダイバーシティ――生きる力を学ぶ物語』（以後、副題を省略する）を執筆するに至った理由を説明するところから始まった。最初に示されたのは、「個人的なことは社会的なことである」という一文である。これは、女性の経験は単に個人的な経験であるにとどまらず、政治構造の問題と不可分であると主張した、六〇年代のアメリカのフェミニズム運動のスローガン The personal is political（個人的なことは政治的なことである）の形容詞部分を言い換えて、個人的と思われる問題は実は社会的な問題であるという考え方を示したものである。この考え方に基づき、本書では、個々人が「自分が自分であることに誇りを持って生きていく」という観点から見た、個人にとっての〈ダイバーシティ〉の意味と、「ひとりひとりが違うことを認め合い、協力して豊かな創造性を生むことができる社会をつくる」という社会にとっての〈ダイバーシティ〉の意味を表現したという。

山口氏は、この点を明らかにした上で、本書執筆の動機には、社会学者としての動機、個人的動機、社会的動機があるとし、それぞれの具体的な内容を次のように説明した。

社会学者としての動機――自分が生きる意味は、自分の住む（日本や米国の）社会がどのような社会になれば自分も他の個人もより良く同時代を生きることができるのか、という問いに答えることだ、と考えていた。

個人的動機――社会科学研究のみを通じて「ダイバーシティ」を研究するのは「科学」という制約の中で発信することで、その枠組みから自由になって創作ができる人文学的ジャンルで思いを表現してみたかった。

社会的動機――現在の日本社会に欠けているものは人々の多様性を価値あるものとして考える valuing diversity の思想であると考えていた。また、「ダイバーシティ」が、新しい経営概念である「ダイバーシティ・マネジメント」と同一視される日本の状況に、問題意識を投げかけたかった。

②「六つボタンのミナとカズの魔法使い――社会科学的ファンタジー」

次に、〈ダイバーシティ〉の本質を描き出すために、『ダイバーシティ』に収録された二作（「六つボタンのミナとカズの魔法使い――社会科学的ファンタジー」と「ライオンと鼠――教育劇・日米規範文化比較論」）に導入されたさまざまな設定とその意味に関する具体的な話に入った。

まず、「六つボタンのミナとカズの魔法使い」について、このタイトルは主要なキャラクターの名前とストーリーの展開上で鍵となるそれぞれの属性を示したものであるが、そのうち主人公のミナは架空の星に住み、周囲の人々から「六つボタンのミナ」だと嘲笑される少女である。その星の人々は出生時に親から与えられた特殊な服を銘々が身にまとっており、その服には身に着ける人の性質や能力を表す合計七つのボタン、すなわち、創造と美のボタン、思考のボタン、健康のボタン、愛情のボタン、努力のボタン、正直のボタン、陽気のボタンが縫い付けられている。ところが、ミナの服には七番目のボタンが欠けていたことから、自身が所属する社会において大多数を占めるマジョリティーとは異なる点を殊更に強調する「六つボタンのミナ」という呼び名が、本人の意志に反して通用してしまっているのである。

この「六つボタン」とは、親から与えられた服の特徴であるという点において、子どもが親から受け継ぐ遺伝的なものの比喩となっており(1)、かつ、あるべき数を満たしていないという点において、何らかの欠損状態を指し示す。また、その服は、着る者の成長にともなって変化をとげるが、自由な着脱は不可能だという点において、個々人に血肉化し、その人の生き方を一定程度反映して変わりうるものであるが、望むと望まざるとにかかわらず、他者のまなざしのもとにその特徴をさらした上で、生涯にわたって生きなければならないものであることを意味する。加えて、外形的な服に縫い付けられたボタンの種類がいずれも内面的なことに関わるものである点において、身体性と精神性の両面にまたがり、身に着ける存在のアイデンティティの形成にもつながる重要な意味をもつものということになる。「陽気のボタン」が欠けた「六つボタン」の服を身に着けたミナは、沈みがちな性質をもつようになり、七つめのボタンを求めて「カズの魔法使い」に会うため旅に出る。

このような主人公像をめぐる設定に関して、山口氏は、ミナの星の人々がまとう服は生まれ（nature）と育ち（nurture）のシンボルであり、ミナのボタンが欠けていることは、「人に見分けられる障害を持っていることの比喩」であること、また欠けているものを魔法使いに授けてもらうことを目的とした旅は、「オズの魔法使い」のパロディ的な仕掛けになっていると語る。

また、ミナが抱える悩みを通して描き出されているのは、コンフリクト・アイデンティティ（conflict Identity 対立的・否定的アイデンティティ）の問題だと説明する。コンフリクト・アイデンティティとは、自分自身が思う自分のあり方、自己イメージとは別に、アピアランス（appearance

見かけ）によってステレオタイプなイメージが押し付けられることがあり、そういう社会が押し付ける「自分」のことだという。ミナの場合は、「気の毒でかわいそう」という外から見られた自己イメージが彼女自身の自己意識と乖離している。このコンフリクト・アイデンティティによって自己否定的な感情に陥った少女が、そのネガティブ・アイデンティティをいかに克服し、社会にポジティブに関わることができるのかを描き出すところに、この作品の主眼が置かれているのだと語る。

山口氏は、ミナがネガティブ・アイデンティティを克服するための条件として、精神の自由という前提条件、コンフリクト・アイデンティティを押し付けない環境条件、社会的差別の否定、ネガティブ・アイデンティティの社会的認識、社会的差別の否定、以上を作中で描いたと語った。

精神の自由とは、論理、想像、ウィット、偏見や固定観点からの自由を意味し、ミナは悩みを抱える人間である一方で、精神的に自由な人間として造型されているという。ミナは、「ベイズ確率[2]」、「選択バイアス[3]」、「囚人のジレンマ[4]」、「共有地の悲劇[5]」といった社会学や統計学などの諸領域の学問の知見をもとに創造された困難を、他者の立場に想像力をめぐらし、論理的な思考に基づき、合理的な判断を下し、そしてウィットを交えながら乗り越え、また個々人が合理的な判断に基づいて行動したとしても、社会的によい結果が必ず生まれるとは限らないことも学んでいく。さらに、補足すれば、ミナは将来の職業選択を航海士と定めて航海術を学び始めるが、ミナが住む社会では航海術を学ぶのは男性ばかりであるため、ミナは「変わり者」だと見られる。しかし、ミナはそうした視線に対して「全く平気」だと記されている。ここには、職業や専攻への、性別を基準とした固定的な見方や偏見から自由なミナ像が明確に示されていると言えるだろう。

次の環境条件では、カズの魔法使いが住む島の人々は、ミナが住む港町の人々とは異なり、ボタンの欠如を気にとめない点を挙げられた。故郷と対照的な環境条件により、ミナがコンフリクト・アイデンティティを押し付けられる抑圧的な状況から自由になる経験をする様が描き出されている。

社会的差別の否定は、旅の途上で「哲学村」の移民問題に向き合うミナの姿を通して表現されているという。哲学村では移民をめぐって、六番目の正直のボタンで正直か嘘つきか、四番目の愛情のボタンで心が温かいか冷たいか、を判断し、それを受け入れの基準にする選択肢が提示される。それに対して、七番目のボタンがないことで自分が抱く自己イメージとは異なる自分を押し付けられていたミナは、対象となるボタンの位置が変わるだけで、ボタンというアピアランスが人を選別する判断基準にされることには変わりがないことに気づき、そうした見方に強い反発を覚える。

ネガティブ・アイデンティティの社会的認識では、ミナが自分のネガティブ・アイデンティティをめぐる社会性に関して認識を深める場面がある。「自分が心の問題を抱えていることを、十分自覚」していたミナが、「六つめのボタンが赤いからとか、ボタンがきちんと揃っていないからとか、そんな一面的な理由で人を『不合格者』と見なしてしまう社会にも大きな問題があるのではないか」と思い始めるのだ。ここで、ミナに、個人のネガティブ・アイデンティティは社会の見方に起因すること、社会的な差別をともなっていることに気づかせている。こうしたミナの姿を通して、読者にもこの問題への認識を促す意図がこめられていると、山口氏は述べる。

『ダイバーシティ』では、以上のように各条件設定のもと、ネガティブ・アイデンティティの克服に向けて踏み出すミナを、さらにポジティブ・アイデンティティの形成へと向かわせている。山口氏は、ポジティブ・アイデンティティの形成のために重要となるのが、多様性に価値を置く、バリューイング・ダイバーシティ（valuing diversity 多様性の尊重）という思想であることを強調する。作中で、この思想をミナに伝える役割を果たすのが、カズの魔法使いである。さまざまな困難を乗り越えて自分のもとにたどりついたミナに対して、カズは次のような言葉を贈る。

——この星の人間が、みなひとりひとり違うからこそむしろいいのじゃよ。あなたの七つめのボタンが本当になかったとしても、あなたの服にはあなたのよさが表れ、美しいものをさらに美しくできるし、また、ないものを他のもので補うこともできる。（中略）また人は、ひとりひとりが違うからこそ、同じような人が集まってもできないことを力を合わせて成し遂げられる。あなたはもう、ひとりひとりが違うことの良さを信じることができるだろう。しかしそれで終わりということではなく、あなたには生きる勇気があるのだから、これからは他の人にもそのことを伝えていけるのではないかね。

（『ダイバーシティ』、七九―八〇頁）

ここでカズは多様な人々が自分の才能や能力を発揮して生き生きと生きられる望ましい社会のあり方を説き、ミナ自身がバリューイング・ダイバーシティの思想の重要性を認識するだけでなく、他者にも伝えるよう導く。「カズの魔法使い」とは、自分に欠落したものを埋めるために魔法使いに会いに行く旅を描く点で本作と共通する『オズの魔法使い』の言葉遊びになっているが、山口氏は両作には明確な違いがあると強調する。それは、『オズの魔法使い』では頭脳のない案山子、心のないロボット、勇気のないライオンが、それぞれ自分に欠落していたものを得ることになるのに対して、「六つボタンのミナとカズの魔法使い」の場合は、ミナは欠落したボタンを得るのではなく、それに代わるもの、すなわち多様性に価値を置く意識を得ることになることだということである。

さらに、山口氏は、ポジティブ・アイデンティティの形成には、〈ダイバーシティ〉の重要性の認識だけでなく、自分のできる範囲における社会貢献の経験が必要だとの考えを作品にこめたと語った。ミナは旅の途中で、数学のパズルの知識をもとに、チーズ職人の「ミスター・キューブ」の悩みを解決し、「哲学村」で地震が起きた際には、被害者の救助に尽力する。また、エマニュエル・カントの義務論的道徳哲学の考えに立つ「カントさん」の眼を複眼的にもする。こうした社会貢献によって、相手に感謝されるというポジティブな経験を積むことによって、ミナは自分を孤独に陥れる仕組みにも気づくことになる。「人はひとりぼっちになることを恐れて、自分のことしか考えなくなるから、かえってひとりぼっちになるのです」とミナは気づくのだ。

山口氏は、ミナが認識するこの仕組みについて、社会学で「予言の自己成就」と呼ばれる概念を導入したものだと説明する。「予言の自己成就」（self-fulfilling prophecy）とは、アメリカの社会学者のロバート・マートン（Robert King Merton）が提唱した概念（Merton 1949）で、「予言がなければ実現しないのに、予言がなされたことで実際に何かが実現してしまうというパラドクス」（山口二〇〇八）である。ミナは、ポジティブな経験を積んだことによって、社会とのつながりを意識し、「予言の自己成就」のパラドクスから解放され、ポジティブ・アイデンティティの形成へとまた一歩踏み出し、前述のカズの魔法使いとの出会いに至ることになる。

③「ライオンと鼠――教育劇・日米規範文化比較論」

『ダイバーシティ』の第二部「ライオンの鼠―教育劇・日米規範文化比較論」は、「六つボタンのミナとカズの魔法使い」が架空の星を舞台とするのとは対照的に著者の現実の授業風景をいわばモデルとし、「シカゴ大学」で教鞭をとる「ヤマグチ教授」の「日本社会論」の様子を活写する。「ライオンと鼠」という題名が示すように、イソップ童話を教材とした授業である。受講生は経済学科や極東言語文化研究科のアメリカ人学生、学科を指定しないプログラムの日本人留学生、社会学科の日系四世の学生、政治学科の中国系アメリカ人学生など、エスニシティも専攻も異なる多様な学生たちで、彼らは、同じ原話をもとにしているのにもかかわらず、文化的な差異が反映された日本版とアメリカ版の「ライオンと鼠」を比較しながら、日米の文化規範をテーマに討議する。

以上のような内容の「ライオンと鼠――教育劇・日米規範文化比較論」について、山口氏は、この作品は社会の中でのダイバーシティの意味を追究したものであり、とくに多文化環境における相互理解の問題を扱っていると語った。「ただ多様でバラバラな個性を持っているだけでは駄目で、やはり多様な人間が信頼関係や協力関係を築けるのがダイバーシティの価値のある社会の特性」であると力説する。さらに、作中で「ヤマグチ教授」の授業で学生たちが対話をかわしながら、多文化環境における相互理解の問題において課題となる複数の点について理解を深めていく過程を描いたという。つまり、読者は「六つボタンのミナとカズの魔法使い」でミナの旅の同行者として、ダイバーシティを尊重する思想の重要性をともに理解することになるが、こちらの「ライオンと鼠」では、あたかも自らも授業の参加者であるかのように、社会におけるダイバーシティを考える上で重要な問題となる、多文化環境における相互理解について、学生たちと共に理解を深める仕掛けになっていると言えるだろう。作中に織り込まれた創造的な対話が、一教室という限定された空間を、社会にとっての〈ダイバーシティ〉の意味を読者も考える場に変えるのだ。授業で具体的な論点となるのは、安易なコミュニケーションの有効性の否定、文化的差異を背景としたコミュニケーションスタイルの違いによる不信、歴史と民族意識の問題、個性の相互補完性などである。

安易なコミュニケーションの有効性の否定では、「ライオンと鼠」で、ライオンと鼠が、それぞれが所属する国の文化や風習や発想に基づいて考え、行動するとしたとすると、日本のライオンとアメリカの鼠、あるいはアメリカのライオンと日本の鼠という組み合わせでは、どのような結果が生まれるのか、学生たちは「ヤマグチ教授」を交えて活発に対話をかわす。日米で謝罪という行為が果たす役割の違い、「ナマイキ」という感情に潜む日本の序列意識などに学生たちは反応する。

こうした対話を通して、「互いに誠意を持って行動しても、シグナルの持つ意味を取り違えると、決していい結果は生まれない、信頼関係は生まれない」ということに学生たちに気づかせる。山口氏は、彼らの議論とそれによる認識の深化を通して、「多文化理解の難しさに関する重要な点」を伝える意図があったと語った。

文化的差異を背景としたコミュニケーションスタイルの違いによる不信では、日本版の「ライオンと鼠」に見られる、婉曲的な言い回しを好む日本的コミュニケーションスタイルについて議論が始まる。山口氏は、多文化の中で信頼関係を築くためには、コミュニケーションスタイルの問題点を克服する必要があるということを登場人物たちに議論させているのだと解説する。

歴史と民族意識の問題について、山口氏は、〈ダイバーシティ〉は個人を重視し、個人のレベルで人がつながることを強調したいが、その一方で民族の経験が意識にあることは疑いなく、したがって「相手の考えの基になる歴史経験」を学ぶ必要があるとの考えを示す。この考えに基づいて、作中の授業では、「ヤマグチ教授」が話題提供する、「恥」の文化、日系アメリカ人の歴史と経験について、学生たちが意見を述べ合う。この際に、日系四世の学生を含めて、多様な文化的、歴史的背景をもつ受講生から構成されたクラス編成が効果をあげる。

個性の相互補完性に関して、山口氏は、作中の「ヤマグチ教授」の次のような見解を引用した。

重要なのは、こういうふうにみなで何かを作る対話は、「理解」、「思考」、「表現」、「想像」、

Book review

JANUARY 2019

1月の新刊

勁草書房
〒112－0005 東京都文京区水道2－1－1
営業部 03－3814－6861 FAX 03－3814－6854
ホームページでも情報発信中。ぜひご覧ください。
http://www.keisoshobo.co.jp

表示価格には消費税は含まれておりません。

気候正義

地球温暖化に立ち向かう規範理論

宇佐美誠 編著

人類が直面する最大の難題——、地球温暖化。政治も社会も大きな転換が求められる今、哲学・倫理学の重要論点を掘り下げる。

A5 判上製 232 頁 本体 3200 円
ISBN978－4－326－10272－3

計算論的精神医学

情報処理過程から読み解く精神障害

国里愛彦・片平健太郎・
沖村 宰・山下祐一 著

精神医学が抱える諸問題を整理し、脳の計算原理を数理的に表したモデルを用いる新たなアプローチの可能性と基礎的な知識を提供する。

A5 判並製 328 頁 本体 3500 円
ISBN978－4－326－25131－5

深い学びを紡ぎだす

教科と子どもの視点から

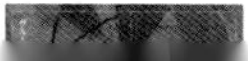

グループ・ディダクティカ 編

大戦略論

国際秩序をめぐる戦いと日本

川﨑 剛

A5 判並製 152 頁　本体 2000 円
ISBN978-4-326-70109-4

1月の重版

社会科学系のための「優秀論文」作成術
プロの学術論文から卒論まで
川﨑 剛

「論文ってどう書けばいいんだ？」と一度でも悩んだことのある、社会科学の学徒たちへ。他人に差をつけるノウハウ、教えます。

A5 判並製 196 頁　本体 1900 円
ISBN978-4-326-00034-0　1 版 10 刷

自閉症の現象学
村上靖彦

自閉症の人たちは世界をどのように経験しているのか？　フィールドワークをもとに、現象学によってその経験の構造を明らかにする。

四六判上製 272 頁　本体 2600 円
ISBN978-4-326-15395-4　1 版 7 刷

毎日新聞（1月6日）書評掲載

社会制作の方法——社会は社会を創る、でもいかにして？

北田暁大

社会学の重要課題「社会秩序はいかにして可能か」という問いは二つの方向に分かれていった。秩序の成り立ちをめぐる精緻な分析は how の問いに還元され、秩序の what を問う分析は他分野に委ねられた。しかし、本来は what と how の切り分け難さこそが社会学の根底にある。本書は理論的な構想力からたどり着きうる秩序の条件を描き出す。

四六判半上製 368 頁
本体 2500 円
ISBN978-4-326-65415-4

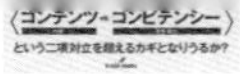

A5 判並製 288 頁　本体 2500 円
ISBN978-4-326-25132-2

A5 判並製 340 頁　本体 2800 円
ISBN978-4-326-30272-7

共振する国際政治学と地域研究

基地、紛争、秩序

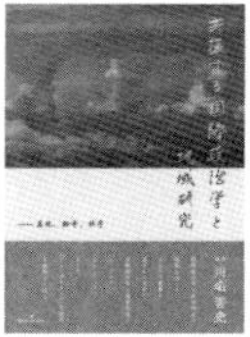

川名晋史 編著

国際政治学と地域研究の「トップダウン」「ボトムアップ」そして「リトロダクティブ」な関係を構築する試み。

A5 判上製 296 頁　本体 3200 円
ISBN978-4-326-30273-4

データ保護法ガイドブック

グローバル・コンプライアンス・プログラム指針

ロタ・ディターマン 著
渡邊由美・井上乾介・
久保田寛也 訳

GDPRをはじめ諸外国の異なるデータ保護法を前提に、効率的なデータの保護・管理の要点を概説したグローバル企業担当者必携の実務書。

A5 判上製 260 頁　本体 4000 円
ISBN978-4-326-40357-8

勁草法律実務シリーズ

契約の法務　第２版

喜多村勝德

債権法改正を踏まえて改訂。多数の契約書文例、裁判例等を取り上げ、理論と実務の両面を解説。一生ものの基礎を身につける。

A5 判並製 340 頁　本体 3300 円
ISBN978-4-326-40360-8

日本版ビッグバン以後の金融機関経営

金融システム改革法の影響と課題

山沖義和・茶野 努 編著

金融システム改革法（いわゆる日本版金融ビッグバン）が施行されて20年。果たして金融面からの日本経済再生は果たされたのか。

A5 判上製 336 頁　本体 3500 円
ISBN978-4-326-50454-1

「応用」、「問題発見」といった生産的側面に加えて、人々の個性が生きてこそ全体として一つの豊かな創造になる、ということだ。そして、それこそダイバーシティの真価を示している。つまり、みながそれぞれ違うからこそ、一緒にクラスを作れば、似たような人間が集まってできるものより、はるかにすばらしい創造に結びつく。

（『ダイバーシティ』、二一〇頁）

続けて山口氏は、「ライオンと鼠」で、「それぞれ個性を持ち、それぞれ違う強みのある学生を登場させています。その人たちが同じ問題で一緒に対話することで、ひとりひとりで考えているより、良い結果や深い理解に結びつくということを生きた事例として描こう」としたのだと述べられた。受講生の多彩な顔触れについては前述のとおりであるが、人を「理解」し、その人の言うことを聞きながら論理的に再構成して「思考」することが得意なマーク、感じたことや考えたことをまとめて人に伝える「思考」と「表現」の力に秀でたエミリーやウィットに富むジェフ、一見違って見えることの共通点を考え、さまざまな状況下にいる人の気持ちを「想像」することのできるウェンディーやジェフやデイヴィッド、専門的見地から発言することでクラスに貢献したケヴィン、鋭い批評精神によって対話の内容を深めるメアリーやデイヴィッド、というように、「ヤマグチ教授」がクラスに参加する個々の学生の「個性」や「強み」を評価する箇所があることを付け加えておきたい。

山口氏は、〈ダイバーシティ〉は、人種、性別、障害の有無といった観点でとらえられることがよくあることに言及し、むしろそういう「カテゴリーで括らない社会」こそが〈ダイバーシティ〉であることを強調し、補完的なさまざまな才能を生かしてインテグレート（integrate　統合、調和）することが〈ダイバーシティ〉の強みであり、それを「ライオンと鼠」で描いたのだと述べた。

※

以上のように、山口氏は、『ダイバーシティ』に収録された二作について、具体的な設定やそこで取り上げた問題にこめられた意味を、適宜本文を引用しながら、わかりやすく解き明かしてくださった。その後、日本の女性の活躍推進をめぐる諸問題についても、管理職の女性割合、専門職の女性割合、企業の意識などを取り上げてお話しくださったが、それについては部分的にではあるが、第一二章四節の全体討論の部でも再びお話しくださったので、そちらをご参照いただきたい。

三　女子学生へのメッセージ

講演を締めくくるにあたり、山口氏は、会場に詰めかけたお茶の水女子大学の学生に対して次のようなメッセージを贈ってくださった。

性別、既婚・未婚の別、子どもの有無、年齢、人種・民族、障害の有無などによらず、多様な個人が個人として尊重され、社会的機会が平等に開かれることで、多様な個々人が自分の可能性を広げられるような社会制度構築が望ましい。それがダイバーシティの思想です。

（略）日本の「女性の活躍」はまず、女性のひとりひとりが個性豊かな、そして全体として多様な可能性を持った、職業人として掛け替えのない「個」の集まりであるということを男性同僚たちに認めさせる闘いなしには進めることはできないでしょう。日本においては女性の割合が未だ少ないが、欧米では多くの女性たちが活躍している分野に積極的に進んでほしいと思います。日本では女性の割合が極めて少ない分野がたくさんあります。でも、外国を見れば、そういう分野で女性がどんどん活躍しているのですから、自分たちがチャレンジし、経験さえ積めば男性と同じかそれ以上にできるはずです。ですから、そういったことを考えて、女性が従来進まなかったような分野にどんどん進んでほしい。男性が中心の日本社会で自分の潜在的才能を生かして生きようとすることが、他の女性たちも同じように自分の潜在的才能を生かして生きようとすることに繋がっているという共感と自覚を持って生きてほしい。

これは、本学の女子学生に贈られたエールであるとともに、今、そして、これからの未来を生きる女性たちひとりひとりに対するあたたかく力強いエールでもある。

注

（1）ミナの服に七番目のボタンが欠けているのは、母親が、彼女の配偶者が「仕事で忙しすぎて、だから淋しさを忘れさせる魔法の薬を飲んでしまった」ことに原因があると記されている。したがって、ミナのボタンの背景には、父親の長時間労働によって子育ての負担が母親に集中する、いわゆる「ワンオペ育児」と呼ばれる社会問題があるということになる。また、淋しさを忘れさせる「魔法の薬」とは、当人にとって一時的な「魔法」のようなものであったとしても、実際には子育て等に支障をきたす有害な薬であり、ミナの状況と母親の関係は、母親の薬物依存の子どもへの悪影響の比喩となっていると解釈できる。

（2）　正確には「ベイズの事後確率」という。一般にある条件で事象が起こる確率が推定されていたとする。しかしそれに対して一定の結果に関する情報が加えられたときにその情報を加味して推定した「条件付き確率」が事後確率である。イギリスの数学者トーマス・ベイズ（Thomas Bayes）の考えに基づく。「六つボタンのミナとカズの魔法使い」でミナが解答する「死に導く門」の問題はモンティー・ホール問題と呼ばれるその具体例である。

（3）　selection bias　「統計的分析を通じて社会現象の因果関係を見極める際に、説明要因が結果に影響する要因と独立に（またランダムに）選択されていないと、因果関係の推定に誤りをもたらす、というもの」（『ダイバーシティ』、一〇三頁）。例えば教育効果をA校とB校の卒業生の学力の比較で測ろうとする時、A校とB校の生徒の入学時の学力差を考慮しないと、教育効果の比較測定に選択バイアスを生む。

（4）　prisoners' dilemma　ゲーム理論の概念の一つ。個人の最適な選択が社会全体の最適な選択にならない状況。「六つボタンのミナとカズの魔法使い」の「ピーディーとロゴスの合理的選択の家」はこの概念に基づく挿話で、「ピーディー」という名前は prisoners' dilemma の略称PDに由来。

（5）　tragedy of the commons　アメリカの生物学者のギャレット・ハーディン（Garrett Hardin）が

提唱したモデル。共有地では各人が自身の利益を最大限に追求しようとするため社会全体の利益が損なわれるというもの。「六つボタンのミナとカズの魔法使い」の「ランジェの種の共同貯蔵所」の挿話は、「共有地の悲劇」のモデルの変化形。

第Ⅱ部　少子高齢社会における女性リーダーとリベラルアーツ

第Ⅱ部　はじめに――企画の趣旨

二〇一八年八月四日、連続講演会「リーダーシップ論」が開始されてから一〇年目を迎えるにあたり、グローバルリーダーシップ研究所主催、経済産業研究所、ならびにお茶の水女子大学附属図書館の協力により、講演会とパネルディスカッションの特別企画を実施した。本書第Ⅱ部は、この特別企画のシンポジウムを再現したものである。

連続講演会の集大成となるこの回のテーマは、「少子高齢社会における女性リーダーとリベラルアーツ」である。近年、少子高齢化によって労働力人口が減少する中で女性労働力の活用が必要であるといった言説に接することが少なくない。たしかに労働力の確保は急務の課題であろうが、だからといって、女性の活躍推進はそうした狭い意味での経済的な観点からのみ議論されるべきものではない。女性が潜在的な才能を十分に発揮できる社会の形成がより重要な課題のはずである。この回のテーマ設定はこのような問題意識に基づくものである。

さらに連続講演会のこれまでの歩みを総括する意味をこめ、女性のリーダーシップとリベラルアーツ教育の関連を問うこともテーマに盛り込んだ。本書第Ⅰ部で振り返ったように、この「リーダーシップ論」は、リーダーシップを発揮する上でリベラルアーツが重要となることを説いた小林陽太郎氏の講演から始まったからである。

基調講演の講師に迎えたのは社会学者の白波瀬佐和子氏である。白波瀬氏は、お茶の水女子大学で家族社会学という学問に出会い、社会階層と不平等、格差など、現代社会の諸問題に対して優れた実証研究や提言を重ねてこられた。少子高齢社会といわれる現代の日本社会で女性が置かれた状況に関して、豊富なデータに基づいて、国際的な視野から、多角的、かつ総括的にご講演いただくとともに、リベラルアーツの現代的意味についてもお考えを伺った。

続くパネルディスカッションでは、歴代の「リーダーシップ論」講師から山口一男氏、北村節子氏、野村浩子氏をパネリストに迎えた。この回のテーマに即してそれぞれご報告いただいた後、白波瀬氏にも加わっていただいて全体討議を行った。

第十一章　少子高齢社会における女性リーダーとリベラルアーツ

――基調講演

講師：白波瀬佐和子

どうぞよろしくお願いいたします。白波瀬佐和子と申します。

まず、このような機会を与えていただきましたことは身に余る光栄と、心から感謝いたします。グローバルリーダーシップ研究所ならびに、お世話役をしていただきました谷口先生、そしてグローバル女性リーダー育成研究機構長の猪崎理事・副学長に、とくにお礼を申し上げます。私に与えられた一時間の中で、日々感じていることも含めお話ししたいと思います。

学生時代から就職まで

少し自己紹介しますと、私は本学の修士課程を修了いたしました。あまり出来のよい学生とはいえず、本学での二年間は迷い多き、楽しくも苦しい時でした。この二年間があったからこそ、その後の大きな転機へとつながっていったのだと思います。学部は京都の同志社女子大学を卒業しました。私の両親は古い日本的なタイプで、娘が自宅を離れて大学に行くことも、ましてや大学院に行くことは、あまりよくは思っていませんでした。多分、私の人生で最初の親への抵抗がお茶の水女子大学の大学院に進学することだったように思います。そこからタガが外れて、アメリカ・イギリスへと凧のように飛んでいってしまったという感じです。

本日のテーマである「リーダーシップ論」の最終回にお話しさせていただくわけですが、リーダーと名のつくことは私にはどうもしっくりこなくて、穴があったら入りたいくらいに感じているのが本音のところです。ある意味ではそういうふうに思わなくてもいいような世の中になるのが、一番いいのだろうと思います。上に立つ職に女性が就いても、とくに注目されないようになればよい。そのあたりも含めて、お話をしたいと思います。

私の専門は社会学、その中でも社会階層論(1)です。不平等について実証的な研究に取り組みたいと強く思ったことがきっかけで、日本を飛び出しました。幸いにもオックスフォード大学とハーバード大学で素晴らしい先生方と会うことができ、社会学的研究の仕方について、王道的なトレーニングの指導を受けることができました。その後日本に戻ってきて一番困ったのが、所属と就職でした。当時、社会学の分野で公募はほとんどなく、私は修士課程修了後すぐに日本を飛び出してしまったので日本に人的なネットワークもほとんどありませんでした。細々と非常勤のアルバイトをしていたのですが、たまたま国立社会保障・人口問題研究所(2)の年齢制限のない公募を見つけて応募し、幸い採用していただきました。当時の所長は経済哲学の大家である塩野谷祐一先生で、私の経歴にとても興味をもってくださったと聞いています。当時はまだ海外の学位をもつ者は少なく、ましてて女性でしたし、それだけで敬遠されたところもありますので、今でも塩野谷先生には恩を感じています。同研究所に職を得たことで、社会学の分野を超えて、人口学や社会保障論を組み込んだ新たな研究分野に目覚めた時期でもありました。少子高齢化と不平等のテーマは、日本に帰国した一九九五年から細々とやってきたことになります。

超高齢社会の問題

少子高齢化ということですが、今の日本はむしろ超高齢社会です。高齢者人口が全体人口の一四パーセントに達すると、WHOの定義によれば高齢社会となります。そして、「超」がつくのが二一パーセントです。この定義に従えば、日本がいわゆる高齢社会に入ったのが一九九五年で、二一パーセントを超えたのが二〇〇〇年ですので、かなり急激に高齢化が進行し、人口構造が変化したことになります。

この急激に変化した人口構造の背景には人口を構成するひとりひとりの人生があることがポイントです。マクロ的には人口構成の急激な変化は現役人口層と高齢人口層とのアンバランスを広めることになり、社会制度の前提が大きく揺らいで制度そのものに亀裂を生じさせます。さらには、マクロな人口構造を構成するひとりひとりがその時点までに達する生き方（ライフコース）を形成する過程で不平等な機会配分が存在します。横断的調査は、その時点に到達した状況をスナップショットで示したものと理解することができます。それは多くの人々のいわゆるこれまでの生きてきた過程を集約した様相とも言えます。また、全体的な構造はなかなか見えづらいものです。多くの場合、ごく限られた視点から限定的な視野で見えるものを「全体」とみなします。ですから、マクロなデータというのは、個々人の限定的なレンズを広げるのに有効な材料になります。ここでは、全体の社会の変容と同時に、その全体像を構成する個々人、そして彼/彼女たちの実際の生活の場である家族・世帯の状況をつなげて考えてみることで、ひとりひとりの人生という観点から社会の問題についてお話ししたいと思います。

図11-1、11-2は、よく少子高齢化の話をする際に最初に出す人口ピラミッドです。極めて急激に人口構造が変化したことが一目瞭然でしょう。一九六五年ということになりますと高度経済成長期です。日本がアジアで最初に産業化を達成した国ということで、七〇年代後半から八〇年代にかけて、欧米の研究者を中心に日本への関心が高まった時期でもあります。産業化を達成したアジアの小さな国は果たして欧米と類似した社会構造を呈するのか、それとも大きく異なるのか。この問いは収斂化論の検証として国際比較の枠組みから実証研究が活発に展開されました。

この六五年の高度経済成長期の人口構成を見てみると、年少人口や現役労働人口の層が厚くて高齢層は小さい、安定的なピラミッド形を呈していることがわかります。敗戦国で小国の日本が、どうして奇跡的な経済成長が達成できたのかに多くの関心が注がれたわけですが、実は足元のところで潤沢な労働力人口が量的に存在し、また数年後に労働力となっていく予備軍である年少人口も豊富にあったことが重要です。一方、家族や社会がケアを提供することが期待される高齢人口が少な

図 11-1　1965 年　日本の人口ピラミッド

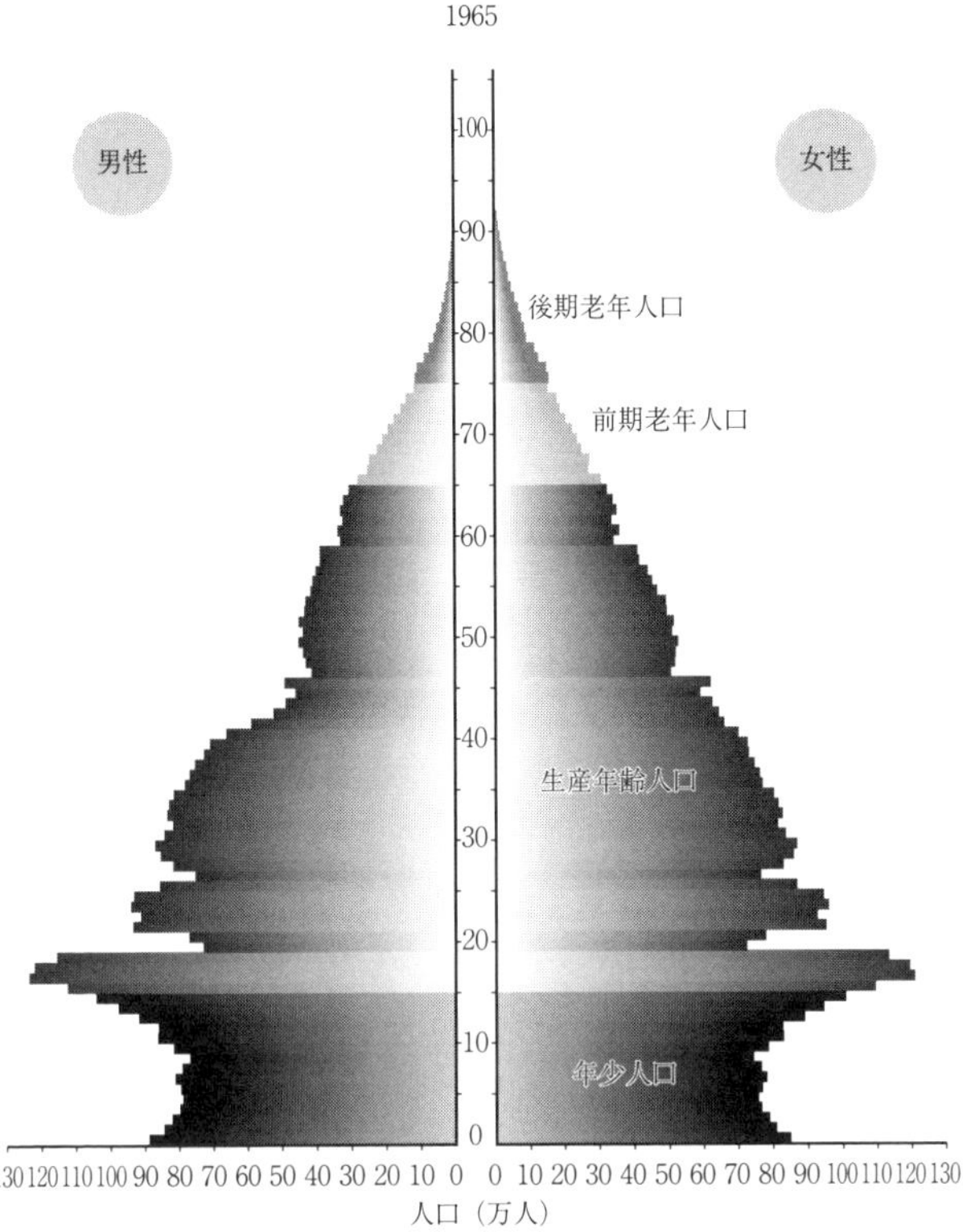

出典）国立社会保障・人口問題研究所ホームページ（http://www.ipss.go.jp/）

図 11-2　2015 年　日本の人口ピラミッド

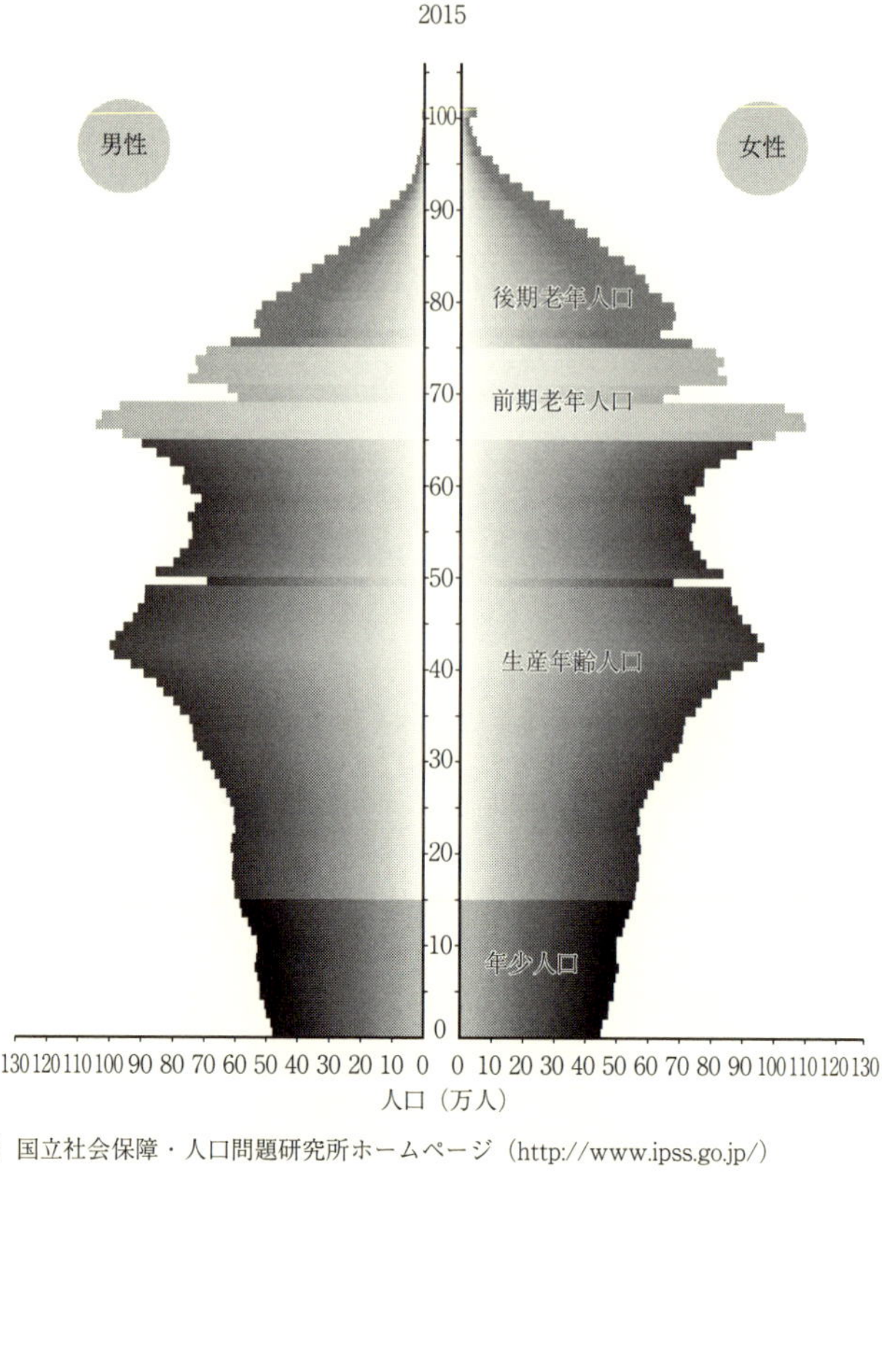

出典）国立社会保障・人口問題研究所ホームページ（http://www.ipss.go.jp/）

かったのが、高度経済成長期でした。

それが二〇一五年、国勢調査中間年のデータを見てみると、右の図になります（図11-2）。年少人口が相対的に縮小し、ウエストのあたりが大きいメタボ体型のようになっています。一九六〇年代半ばの人口構造との一番大きな違いは、後期老年人口が急激に多くなっていることです。高齢層内で長寿化が進行し、七五歳以上人口の増加が相対的に大きくなっています。団塊の世代といわれる戦後ベビーブーマーが高齢期に達して高齢人口の規模が大きくなったこともありますが、近年の人口高齢化にあっては、六五歳の高齢期に入った後の余命の伸長、つまり、長寿化が起こり後期高齢層のサイズが拡大したこともあります。その一方で、〇～一四歳の年少人口層が少なくなっていて、ひいては労働人口サイズが縮小するという構図です。

このようなマクロな人口構造は、どういう具体的な社会の変化と深く関わっているかということですが、それは人々の生活の場、いわゆる世帯、あるいは家族の変化と関連しています。さらにその家族・世帯の中で何が起こっているのかと言いますと、たとえば、成人した子どもたちがなかなか結婚しなくて親のところにいる。これが晩婚化した若者の実態であり、晩婚化が長引いて結局生涯結婚しないのが未婚化です。このような状況は、若い層が自らの新しい世帯をつくらない状況を生み、世帯のレベルでいっそうの高齢化が進むということになります。また、晩婚化、未婚化にともない親との同居期間が長期化する結果として、親からの経済的な影響を直接的に受ける期間が長期化することにもなります。少し専門的に言うと、出身階層からの影響が長期におよび不平等の再生産が起こりやすい環境になっているということです。

格差に関連した話題として、最近、子どもの貧困、機会の平等、不平等という言葉が日本で一般のメディアでも聞くようになりました。このような経済的困難を抱える状況がどういうメカニズムで生まれたかが重要で、そこでのポイントの一つは多数派の人とは違った生き方への経済的制裁（ペナルティ）という側面があるところです。たとえば、子どもの貧困は母子家庭に多く認められます。両親がいる多数派の家庭に対して、母親が一人で子どもを育てている状況が貧困と密接に関連しています。また、子どもが結婚せずに親元に留まり、一家を支える世帯主が亡くなり母親と同居する一人親世帯、あるいは生涯未婚のままで一人暮らしの場合、さらには、高齢で一人暮らしの女性の貧困率も高いのです。これらの事例は、両親のもとに育てられ、高齢の親は子どもたちと同居することで基本的な生活保障を享受していた、というような多数派とは違った生き方をした結果としての家族形態であるという点が重要です。

ただ、経済的困難と家族形態の間の因果関係ははっきりとはわかっていません。結婚できなかったから貧しいのか、貧しいから結婚できなかったのかは、なかなか結論付けることは難しいのです。パラサイト・シングル(5)についても、ぬくぬくと親元で暮らしているから結婚しないと言いますが、結婚するというイベントが遅れることが、結果として親との同居期間を長くするという側面も否定できません。ここで何が言いたいかというと、マクロな人口構造や不平等の程度がミクロな個々人や家族・世帯との関係でどう規定されているのかのメカニズムは因果関係という観点からわかっていないことが多く、その解明に向けて国内外で研究が進行中だということです。

ジェンダー視点による国際比較

今日強調したいことの一つに、さまざまに世の中は変化しているにもかかわらず、諸制度の根底あるいは前提としてある性別役割分業体制、あるいはその規範は強固に変化していないことです。ではまず、ジェンダー関係の実態を国際比較の視点から見ていきましょう。

表11-1、11-2は、男女格差指数(6)(Gender Gap Index)として公表された日本の値です。ここでは、四つの分野の日本の指数が示されています。四つとは、経済参加とその機会、教育達成、健康・寿命、政治的エンパワーメントです。それらをもとに国のランキングが作成され、二〇一七年、日本の地位は一四四ヵ国中一一四位でした。一〇年前の二〇〇六年と比べると、比較対象国数の違いを考慮すると実質的なランキングに大きな変化はなく低い位置のままです。ここで、総合順位を引き下げているのは、経済活動、政治参加の分野の格差の大きさにあり、逆に高いランキングにあるのが健康の分野で日本女性の長い寿命が理由です。

男女格差を大きくしている主要な要因は、日本では女性の管理職があまりに少ないということです。企業において重役クラスの上位管理職が極めて少なく、政治的な分野でも女性の国会議員や大臣の数はごく少数です。つまり、組織において重要な意思決定を下す立場にいる人が非常に少ないことが大変深刻です。さらに、専門職、技術職においても男女の間で大きく差があります。

表 11-1　日本における 4 分野の男女格差指数（GGI）（2017 年）

	2006		2017	
	順位	スコア	順位	スコア
男女格差指数	80	0.645	114	0.657
経済参加とその機会	83	0.545	114	0.580
教育達成	60	0.986	74	0.991
健康・寿命	1	0.980	1	0.980
政治的エンパワーメント	83	0.067	123	0.078
対象国数	115		144	

出典）World Economic Forum（世界経済フォーラム）（https://www.weforum.org/reports/the-global-gender-gap-report-2017）

表 11-2　日本の GGI（詳細）（2017 年）

	順位	スコア	重み付けスコア*	女性	男性	男女比
経済参加とその機会	114	0.580	0.585			
労働参加率	79	0.781	0.667	66.4	85.0	0.78
同種業務での賃金の平等	52	0.672	0.634			0.67
推定勤労所得（購買力平価、ドル）	100	0.524	0.509	28,724	54,818	0.52
議員、上級官僚、経営者	116		0.320	12.4	87.6	0.14
専門職・技術職者	101	0.654	0.758	39.5	60.5	0.65
教育達成	74		0.953			
識字率	1	1.000	0.883	99.0	99.0	1.00
初等教育就学率	1	1.000	0.979	100.0	100.0	1.00
中等教育就学率	1	1.000	0.971	99.4	98.7	1.01
高等教育就学率	101	0.926	0.938	60.9	65.7	0.93
健康・寿命	1		0.956			
出生時性比	1	0.944	0.920			0.95
健康寿命	1	1.060	1.037	77.2	72.5	1.06
政治的エンパワーメント	123		0.227			
国会議員の女性割合	129		0.279	9.3	90.7	0.10
閣僚の女性割合	88		0.209	15.8	84.2	0.19
女性の国家主席の在任年数（過去 50 年間）	69	0.000	0.200	0.0	50.0	0.00

注）*人口規模で重み付けされた値。
出典）表 11-1 に同じ。

図 11-3　階級別役職者に占める女性の割合の推移

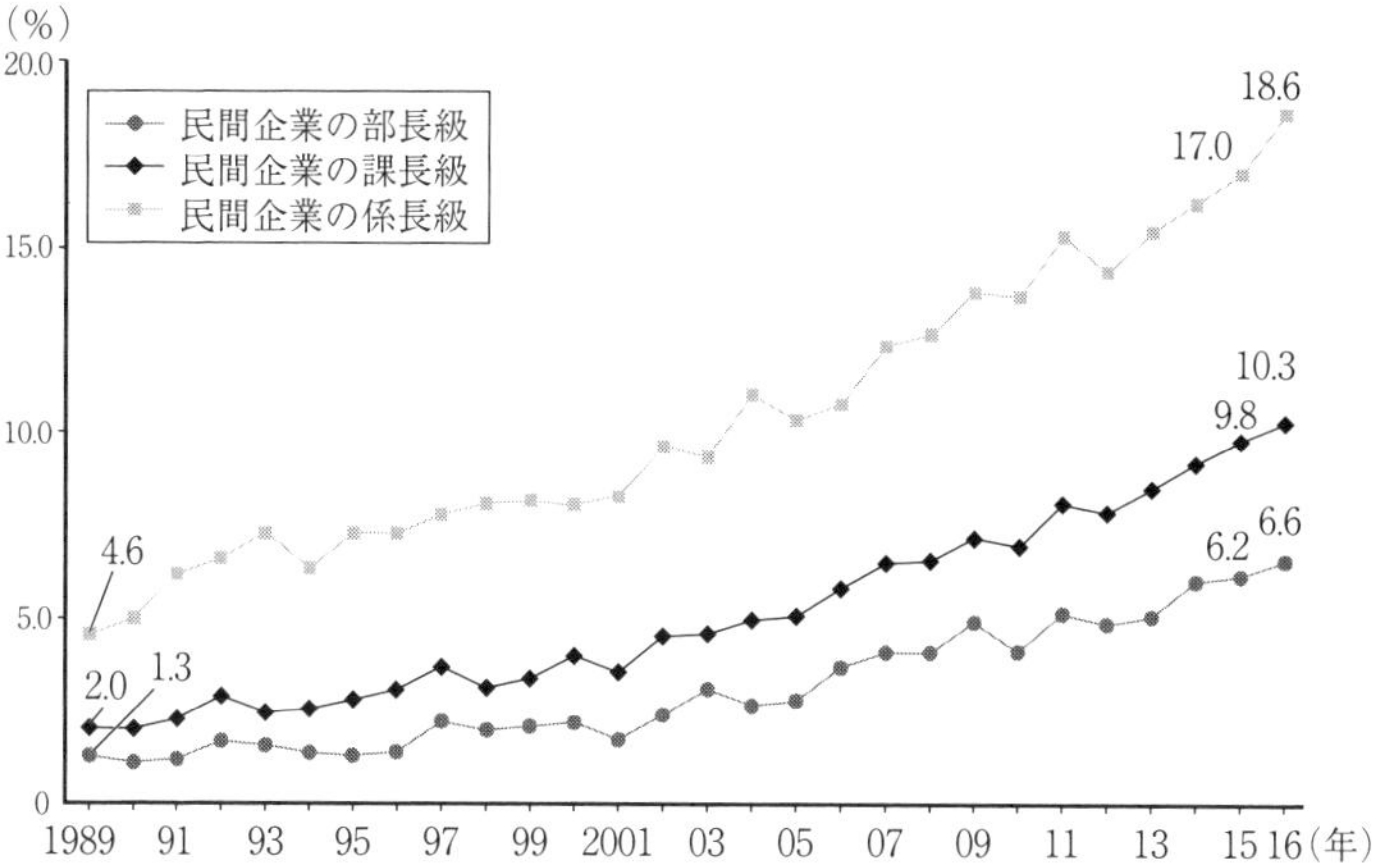

（備考）1. 厚生労働省「賃金構造基本統計調査」より作成。
2. 100人以上の常用労働者を雇用する企業に属する労働者のうち、雇用期間の定めがない者について集計。

出典）『男女共同参画白書　平成 29 年版』 I -2-12 図

学歴達成については、最近、ヨーロッパでは女性の方が高学歴だという傾向もあり、男女で逆転現象が起こってくるのですが、日本ではまだ男性の方が大学進学率が高く、大学レベルでの男女差も国際的には結構高いのです。

次に、役職者に占める女性割合の時系列変化を階級別に見てみましょう（図11-3）。階級別役職者に占める女性の割合は係長級で一八・六パーセントと最近伸びが見られる一方で、部長レベルでは六・六パーセントです。高い役職層になるほど、なかなか女性割合が伸びず、一割にも達しない状況です。もっとも本データにはコーホート効果[7]も混在していますので、比較的若い層で裾野が広がっていけばしばらくすると上級役職者も増えていくとは思います。

図 11-4　就業者及び管理的職業従事者に占める女性の割合（国際比較）

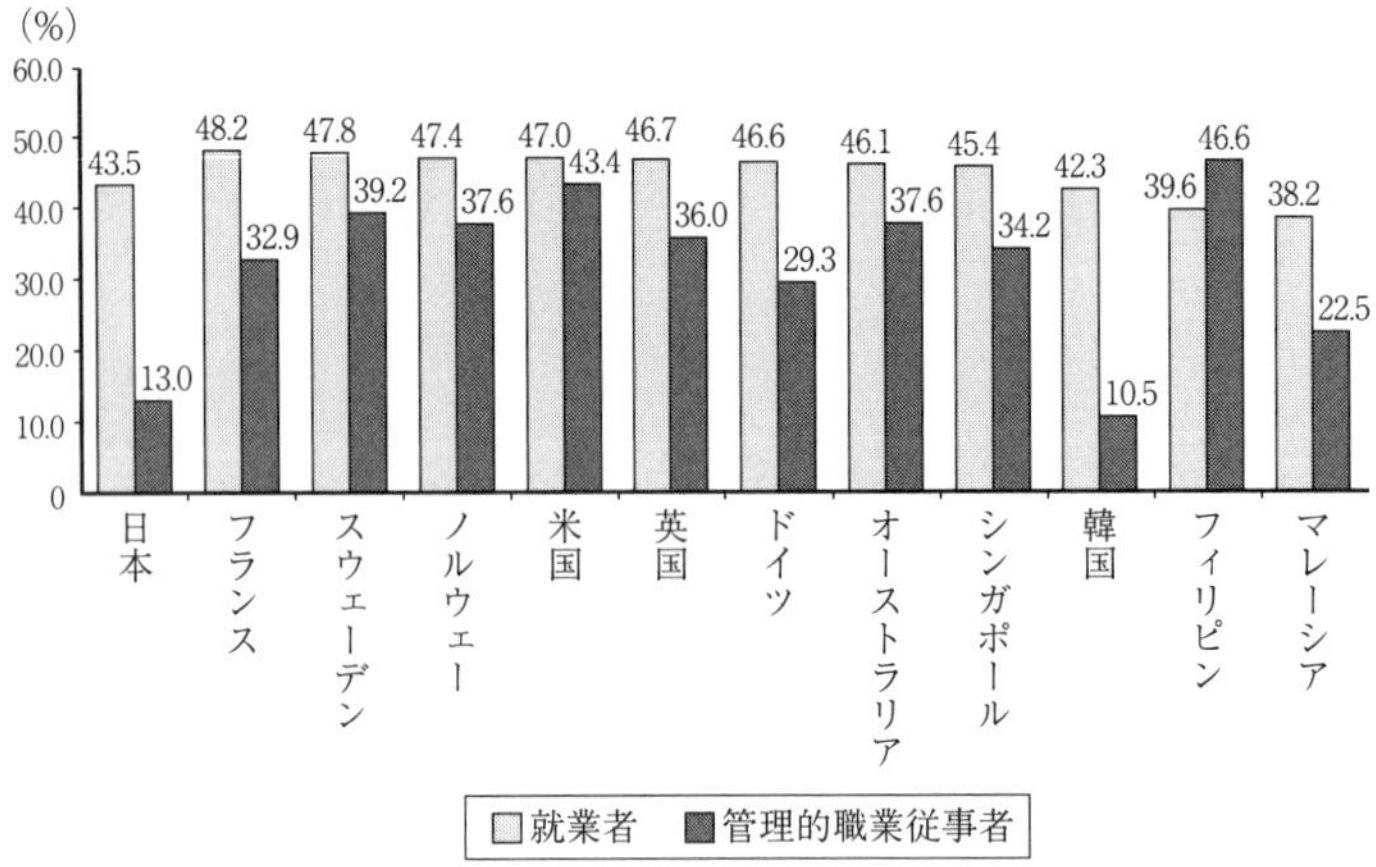

（備考）1. 総務省「労働力調査（基本集計）」（平成 28 年）、その他の国は ILO “ILOSTAT” より作成。
2. フランス、スウェーデン、ノルウェー、英国及びドイツは 2016（平成 28）年、米国は 2013（平成 25）年、その他の国は 2015（平成 27）年の値。
3. 総務省「労働力調査」では、「管理的職業従事者」とは、就業者のうち、会社役員、企業の課長相当職以上、管理的公務員等。また、「管理的職業従事者」の定義は国によって異なる。

出典）『男女共同参画白書　平成 29 年版』 Ⅰ-2-14 図

さらにこれを国際比較してみますと（図11-4）、これも皆さん、よく目にするものだと思いますが、日本は就業者の全体に占める女性割合が四三・五パーセントですが、管理職に就いている者は一三パーセントぐらいしかいません。ここでの数値は役職階級を全部合わせての平均値です。韓国は日本以上に低いですが、この時点のことですので、変化の速い韓国でこの値は急激に変わることが予想されます。韓国は、大学機関における女性進出は日本よりも進んでいるというのが私の印象ですから、女性役職割合が韓国より高いといっても、その順位はすぐにでも逆転しうると思います。アメリカでは全体の女性就業者割合に近い割合で女性管理職がいますし、フィリピンでは全体の女性割合よりも女性管理職の割合が高いです。もっとも、アメリカではバイスプレジデント（vice-president）といった役職ポストが日本に比べると多く、国別の数値を単純に横並びに比較することはできません。そういうことを考慮に入れても、管理職にいる女性が非常に少ないのが日本です。

学歴とジェンダー

一方で、これもよく見るところですが、学歴分布の男女比較です（図11-5）。大学進学率を見ると、男性と女性の差が小さくなっています。高等教育におけるジェンダー格差を検討する際にはとくに、短期大学の存在は見逃すことができません。高等教育とは高校卒業後の教育を指し、短期大学は四年制大学と合わせて女性の高学歴化を統計的に議論することが珍しくありません。その理由は、そもそも女性の高学歴者の該当数が少ないことでした。一九六五年、女性の高等教育進学率は一一・三パーセントと男性の約半分。その過半数が短大進学者です。一九八〇年になると対応する値が六割を超えます。しかし一九九六年、四年制大学への女子進学率が短大への進学率を上回り、今では高等教育進学者のうち短大進学者は一五パーセント程度となりました(8)。高度経済成長期からの短大進学率の上昇は、若年女性の望ましい生き方の規範と密接に関連していました。一九六五年の平均初婚年齢は妻が二四・五歳でした(9)。せめて二五歳くらいまでには結婚してもらいたいけれ

図 11-5　学校種類別進学率の推移

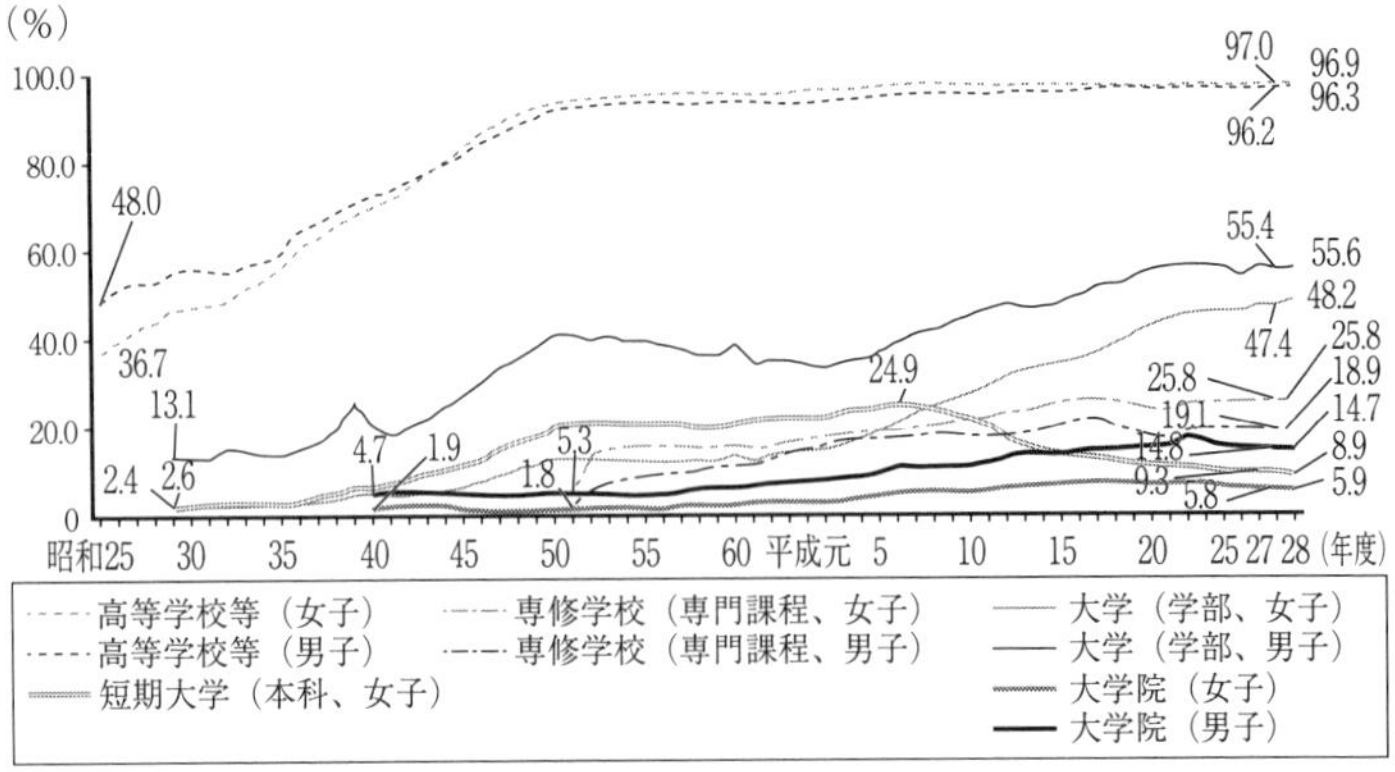

（備考）1. 文部科学省「学校基本調査」より作成。
2. 高等学校等への進学率は、「高等学校、中等教育学校後期課程及び特別支援学校高等部の本科・別科並びに高等専門学校に進学した者（就職進学した者を含み、過年度中卒者等は含まない。）」／「中学校卒業者及び中等教育学校前期課程修了者」×100 により算出。ただし、進学者には、高等学校の通信制課程（本科）への進学者を含まない。
3. 専修学校（専門課程）進学率は、「専修学校（専門課程）入学者数（過年度高卒者等を含む。）」／「3 年前の中学卒業者及び中等教育学校前期課程修了者」×100 により算出。
4. 大学（学部）及び短期大学（本科）進学率は、「大学学部（短期大学本科）入学者数（過年度高卒者等を含む。）」／「3 年前の中学卒業者及び中等教育学校前期課程修了者数」×100 により算出。ただし、入学者には、大学又は短期大学の通信制への入学者を含まない。
5. 大学院進学率は、「大学学部卒業後直ちに大学院に進学した者の数」／「大学学部卒業者数」×100 により算出（医学部，歯学部は博士課程への進学者。）。ただし、進学者には、大学院の通信制への進学者を含まない。

出典）『男女共同参画白書　平成 29 年版』　Ⅰ-5-1 図

ど、高校卒業してもう二年くらいの教育も悪くない。四年制大学まで行くと婚期を逸してしまうかもしれないけれど、「短大くらいなら」という位置付けです。実は私もこのような強い社会的期待の真っ只中にいました。女の子だったら短大と言われ、伝統的なジェンダー規範を大きく逸脱することなく女性の高等教育が位置付けられていた

図 11-6　大学（学部）及び大学院（修士課程）学生に占める女子学生の割合（専攻分野別、2016 年度）

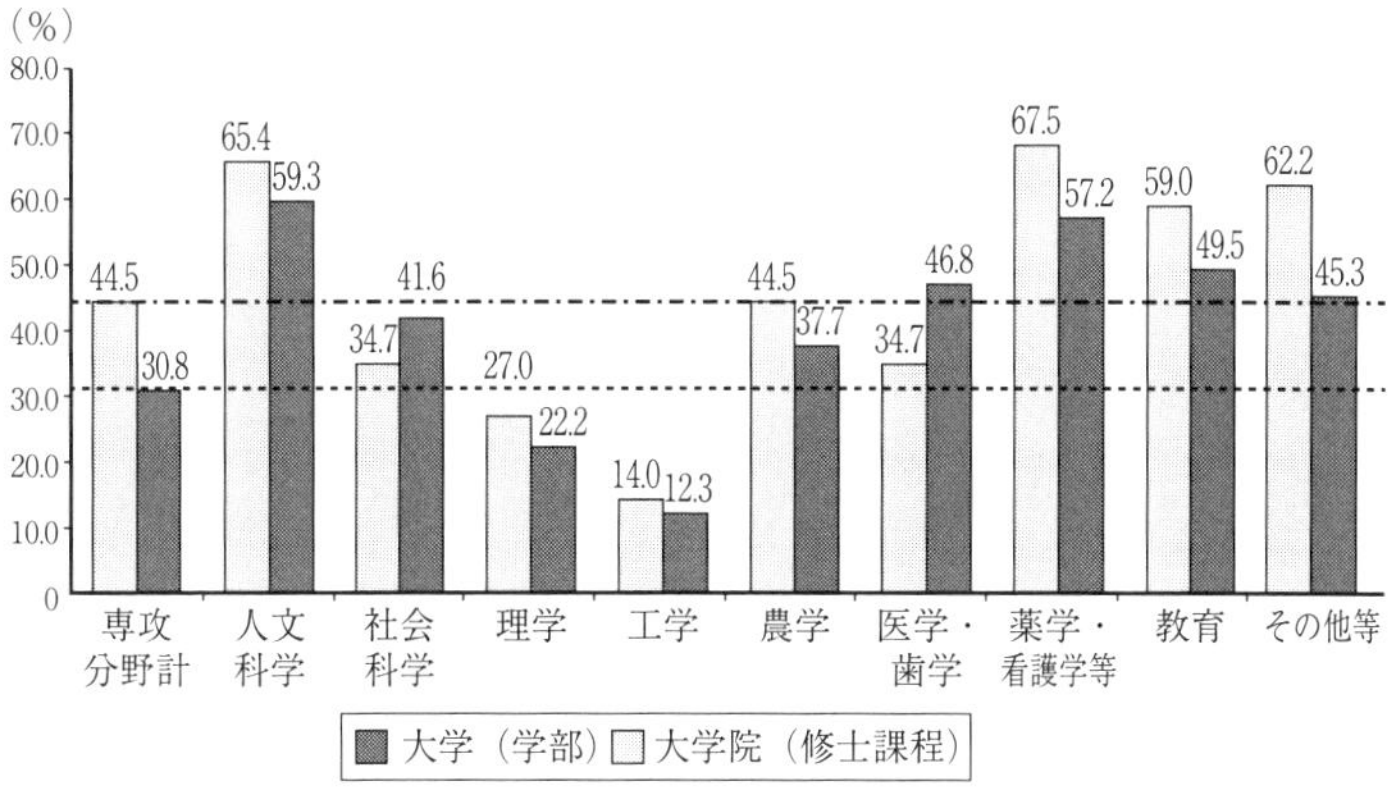

（備考）1. 文部科学省「学校基本調査」（平成 28 年度）より作成。
2. その他等は「商船」、「家政」、「芸術」及び「その他」の合計。
出典）『男女共同参画白書　平成 29 年版』　I -5-4 図

といえます。

高学歴の中身について見てみると、かつて大学を卒業した女性が就いた職業の多くは教師といったように、高学歴女性の職業分野は限定されており、職業を持たずに家庭に入るものも少なくありませんでした。「良き妻、母」になる上での高等教育でした。

大学進学後の専攻分野にも大きな男女差があります。図11-6は、専攻分野別に女性割合をみたものです。専攻によって男女比が異なることが明らかです。教育分野では五割以上が女子学生ですし、人文科学や薬学・看護学は看護学が専攻として一緒になっている分、女性割合は高いのです。低いのはとくに工学、理学です。社会科学も三分の一程度です。このように、大学進学率の男女差が縮小した一方で、進学先分野は男女で異なり、その背景

図11-7　専攻分野別、女性大卒者割合の国際比較

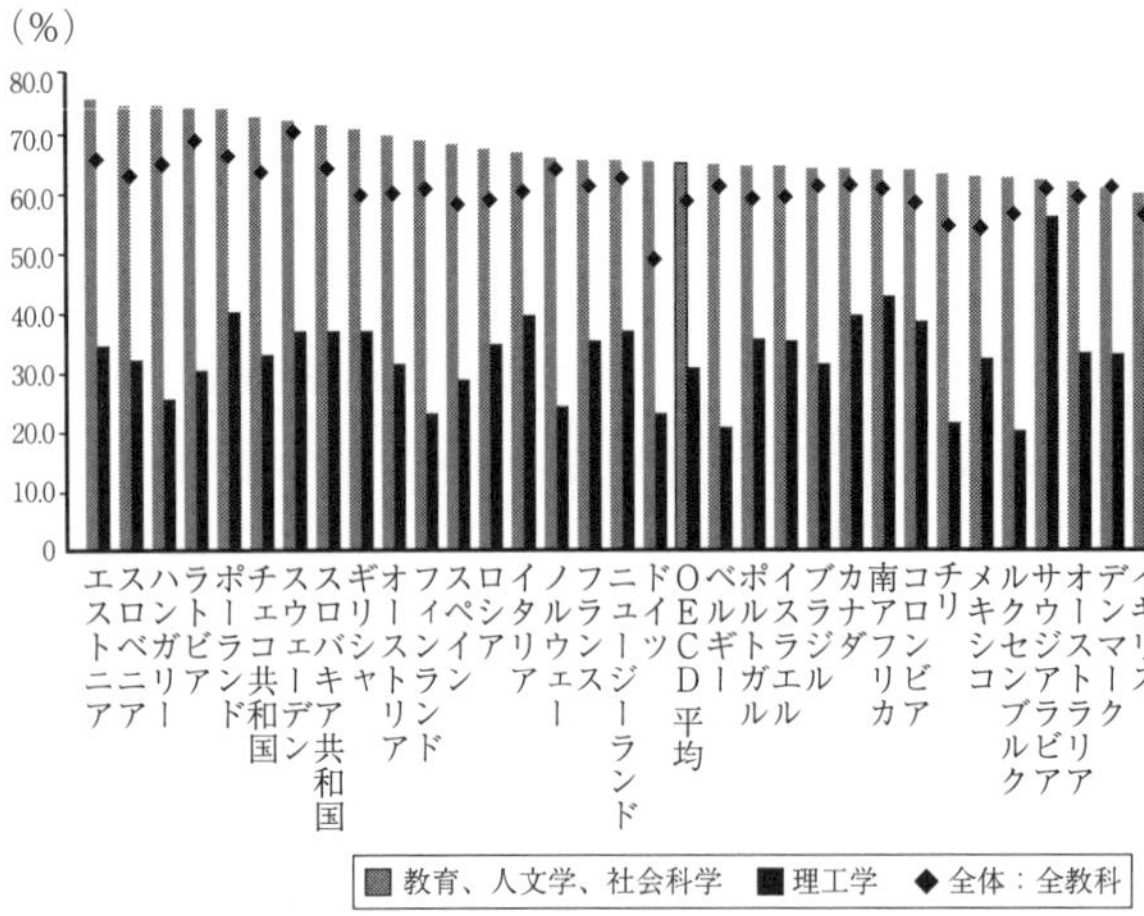

出典）OECD (2015), Education at a Glance 2015
（http://www.oecd.org/gender/data/gender-gap-in-education.htm）

には卒業後のキャリア（職業選択）のジェンダー差が見え隠れしています。

また、医学部や法学部への女子割合は工学部などに比べると高く、その割合に増加が認められます。女性の間で働き方に変化があり、将来のことを考えた場合に資格がしっかりした職種は女子学生の間でも人気です。そこで、職種を含む大学専攻分野で男女のアンバランスをどう改善していくかが次なる重要な課題となってきます。

図11-7は理系の学部卒の女性割合を示しています。日本の値を見ると、理工学が低いことが目立ちます。スイスも低いですね。高いのはサウジアラビア。おそらくこれらの数値の違いは、国ごとに理系分野の職業的な位置付けが異なることに原因があると想像されます。たとえば、ロシアの女

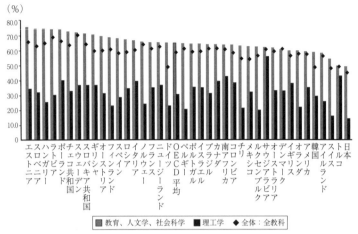

図 11-8　高等教育在学率の国際比較

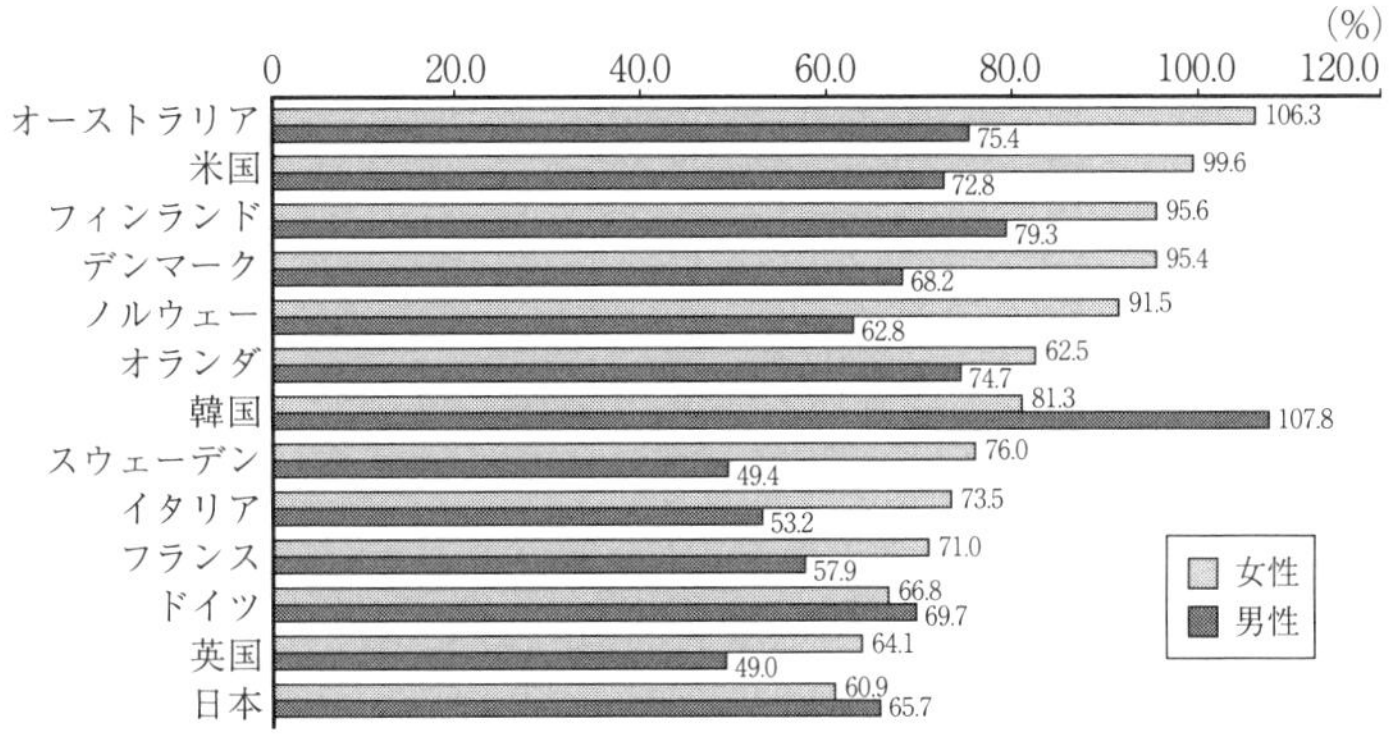

備考）1. UNESCO Institute for Statistics ウェブサイトより作成。
2. 2014（平成 26）年時点の値。ただし、米国、フィンランド、ノルウェー、ドイツは 2015（平成 27）年、韓国は 2013（平成 25）年、オランダは 2012（平成 24）年の値。
3. 高等教育在学率（Gross enrolment ratio, tertiary）は、「高等教育機関（Tertiary Education, ISCED5 及び 6）の在学者数（全年齢）」／「中等教育に続く 5 歳上までの人口」×100 で算出しているため、100%を超える場合がある。

出典）『男女共同参画白書　平成 29 年版』　I-5-3 図

性医師の割合が高いことをもって、労働市場における男女格差は低いのですか、と質問したことがあります。そこでの答えは、医師という職業はロシアにおいてそれほど地位が高くなく、高い女性医師割合をもって単純に女性の地位が相対的に高いとは言えないのだ、と言われました。なるほど、同じ職業といえども国によってその社会的位置付けが異なることも国際比較する際には重要なポイントなのだと感じた次第です。図に戻りますと、全体的に、理系分野を専攻した女子率は低く、とくに日本が低いことが確認できます。

　国際比較データを読む際の注意点を少しお話ししておきたいと思います。たとえば、高等教育への進学率（図11-8）について、英国は六四・一パーセントで女性の方が進学率が高く、スウェーデンやイタリアやフランスでも女性の進学率の方が同様に高いことはわかりました。この女性進学率の高さをどう解釈するかが、重要です。ヨーロッパの教育システムを見てみると、学術的な教育システムと、職業訓練（vocational training）が複線的に存在します。学術的な高等教育に大きく偏る単線的な制度の国とそうでない国の状況の違いをまず理解しておかないといけません。男女間の格差という点ではヨーロッパの男女間の格差が改善され、これは女性の方が優秀になったからどんどん大学に進学するようになったのか。あるいは、男性は職業訓練を通したもう一つの高度専門職ルートが確立されていて、学術か職業かの選択がある一方で、女性にとって職業訓練ルートは男性ほど開かれない結果、大学に進む選択が現実的だという状況もあります。つまり、教育から労働市場への移行を国際比較する場合には、国によって異なる制度、キャリア形成過程を考慮する必要があり、女性の大学進学率の高さだけをもって男女の格差縮小と解釈するには注意が必要です。言い換えれば、男女格差とは、さまざまに形を変えて異なる社会に共通するテーマであるということです。

日本における労働と男女格差

日本に戻って、一九六八年以降の就労率の変化を年齢階層別に女性と男性の場合を見てみましょう(10)（図11-9）。男性は全体的に、就労率は下がる傾向にありますが、女性を見てみると全体的に上がっており、とくに二五歳から三四歳女性の就業率は明らかに上昇しています。しかし、この年齢

図 11-9　男女別　就労率の変化

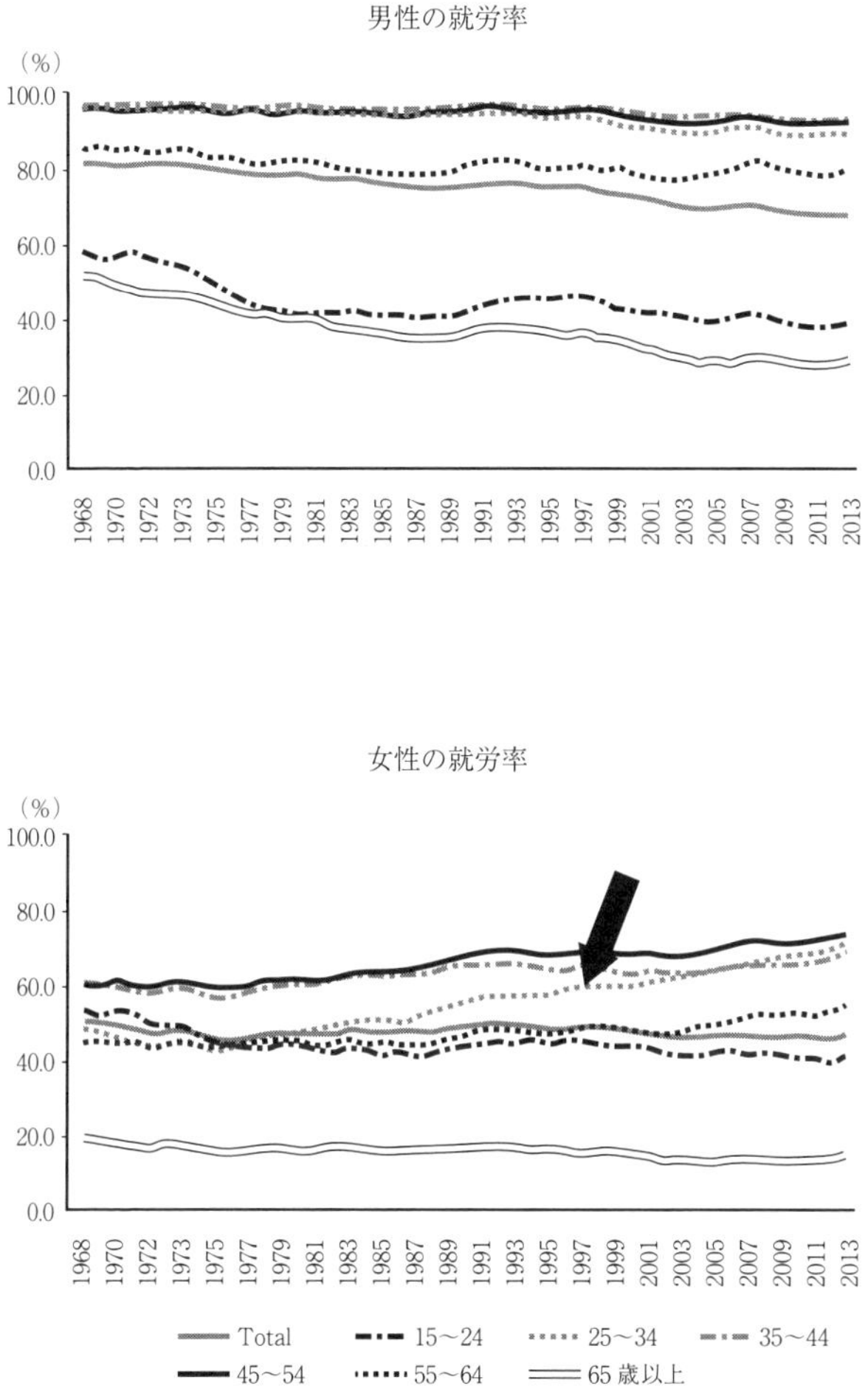

出典）労働力調査　長期時系列表 3 より作成
（http://www.stat.go.jp/data/roudou/longtime/03roudou.html）

層の女性のキャリア志向が近年高まったのかというと、必ずしもそうとばかりも言えません。まず晩婚化が進んでいますので、結婚というイベントまでは仕事をし続ける、あるいは子どもが生まれるまでは仕事をする状況が維持されていれば、イベントが後にずれたことで労働市場から出る時期がずれただけで、女性の継続就労が増えたかどうかは本データからはわかりません。一方、同年齢層の男性の就労率は、若干低くなっていて、その背景には非正規雇用化が進展し、若年失業率も高まり、これまでどおりの安定的な就労を得ることのできる割合が男性の中で減ったと想像します。

女性の中で非正規雇用率が最も大きく上昇したのは一五～二四歳層の若い層です[11]（図11-10）。卒業してすぐ、あるいは比較的若い時期に非正規の仕事に就くという、これまであまり考えられなかった状況が増えてきたこともありますが、全体的にどの女性年齢層でも上がっています。二五～三四歳層は多くが結婚前で、女性の中でも正規雇用が多いところだったのですが、ここでも非正規雇用割合が増えています。男性についてもどの年齢層においても非正規雇用率は上がっていますが、女性に比べて年齢層間の違いが大きいことがわかります。男性の中では、高齢層と若年層の非正規雇用率が非常に上がっています。

ここで言いたいことは、男性に比べた女性の状況と、男女それぞれの中での変化は同じではないということです。非正規雇用の問題は最近若年市場の悪化を中心に着目されていますが、割合として高いのは女性のパートタイム雇用者であり、彼女らは家庭内の性別役割分業との両立を第一義とすることを崩すことなく就労する方法として位置づいてきました。低賃金の非正規雇用に就く背景

図 11-10　男女別　非正規雇用率の変化

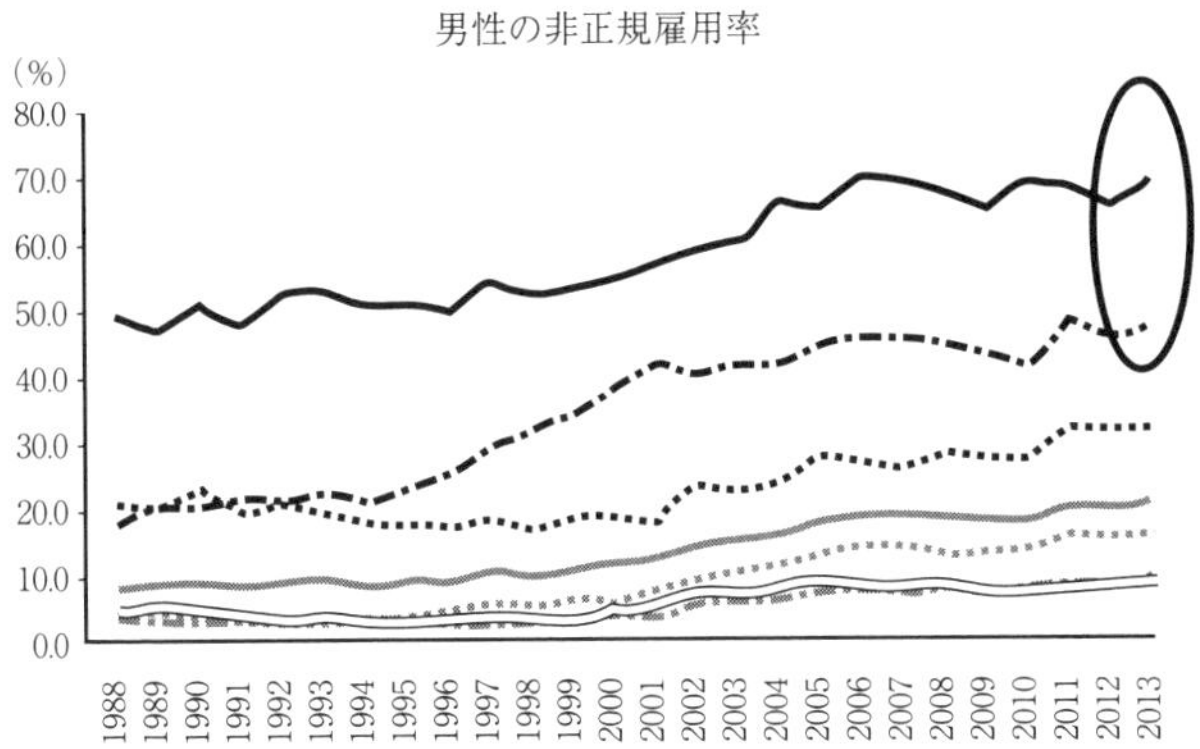

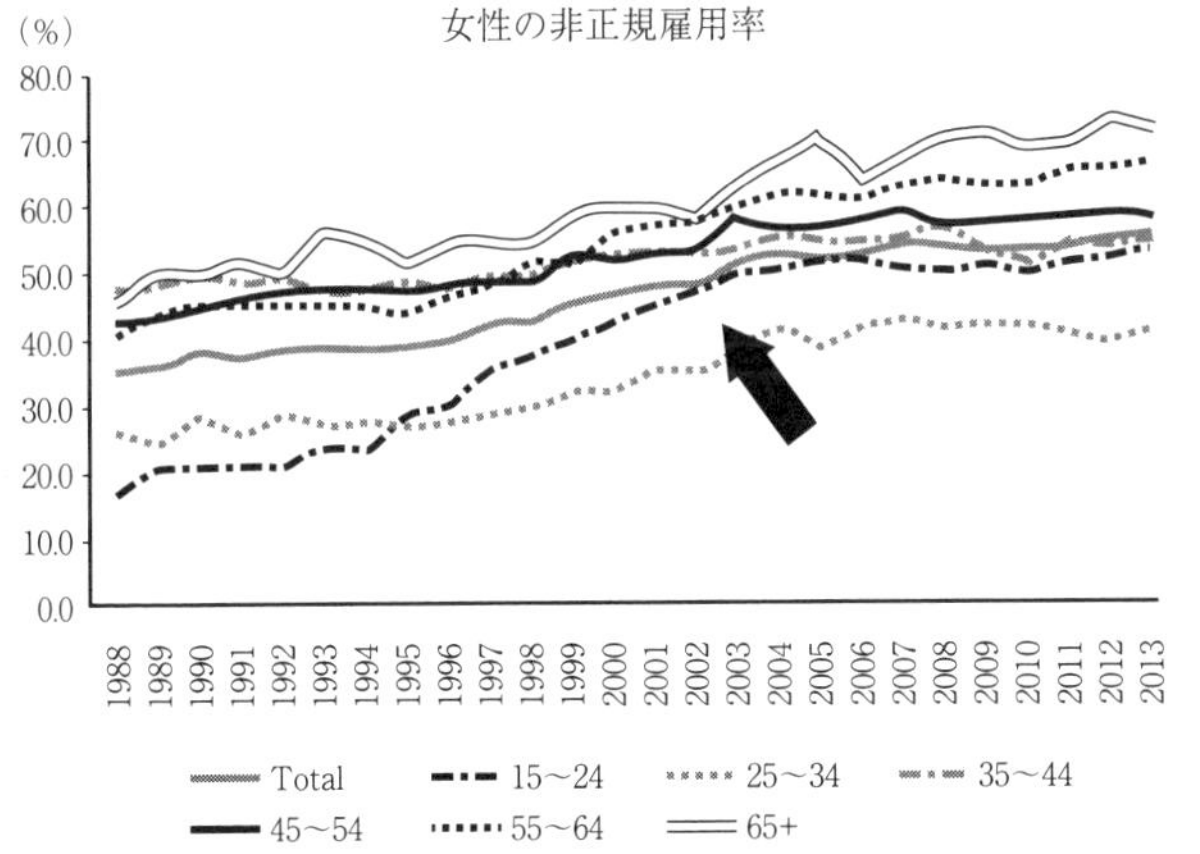

出典）労働力調査　長期時系列表 9 より作成
（http://www.stat.go.jp/data/roudou/longtime/03roudou.html）

には、被扶養者として留まる「合理的選択」があります。被扶養者に留まることの恩恵に比べてフルに就労することのメリットは少ないという状況がそこにあります。非正規雇用は、確固とした性別役割分業の温存を可能にし、既存の夫婦を単位とする社会保障制度ともリンクして、子どものいる既婚女性にとっても「都合のよい働き方」として存在してきました。それが、既婚者のみならず未婚者、女性のみならず男性、中高年女性のみならず若年男女もというように、非正規雇用の対象は拡大していきました。非正規雇用は、既婚女性にとっての家庭と仕事の両立のための方策を超えて、広く社会問題として位置付けられるようになりました。非正規雇用問題は二〇〇〇年に入り本格化した社会問題ではなく、労働力不足が顕在化した一九八〇年代からの問題であると同時に、新たな問題を併せ持つ問題なのです。繰り返しですが、男女間で、上昇の程度や男性内・女性内の年齢階層別の状況が異なっています。これらの異質性を内包した状況がマクロなレベルの経済状況として映し出されています。

次に、男女の賃金格差について見ていきます（図11-11）。厚生労働省が実施している「賃金構造基本統計調査[12]」を用いた結果、常用労働者[13]の所定内給与額について、男性の平均を一〇〇とした場合の女性の平均の変化を示しています。全体に男女格差は改善していますが、いまだ女性の賃金は平均して男性の七割程度に過ぎず、OECD諸国の中でも男女賃金格差が大きい国として位置付けられます。ただ、ここでの値は分母の男性平均が相対的に低下することもあり、ここでの値上昇を即、男女間賃金格差の縮小とまでは結論づけることができません。この点は注意しなければなり

図 11-11　男女間賃金格差の時系列変化

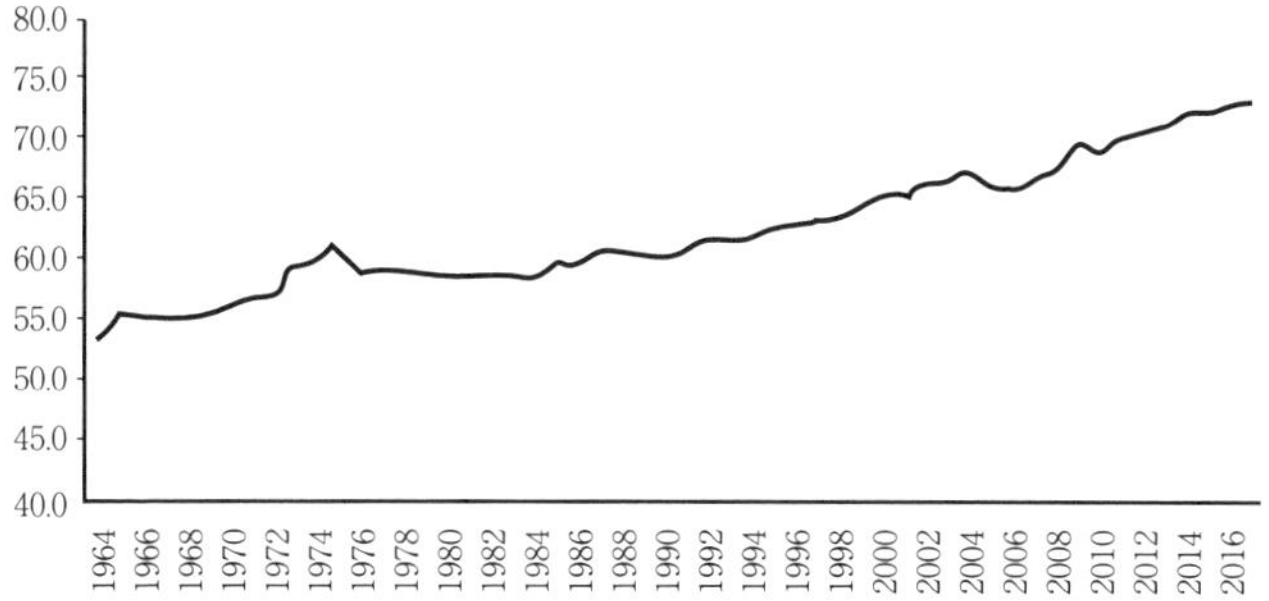

注）所定内給与額の男女比較（男性を 100 とした場合）
出典）賃金構造基統計調査

図 11-12　学歴別　年齢階層別平均賃金の男女比較

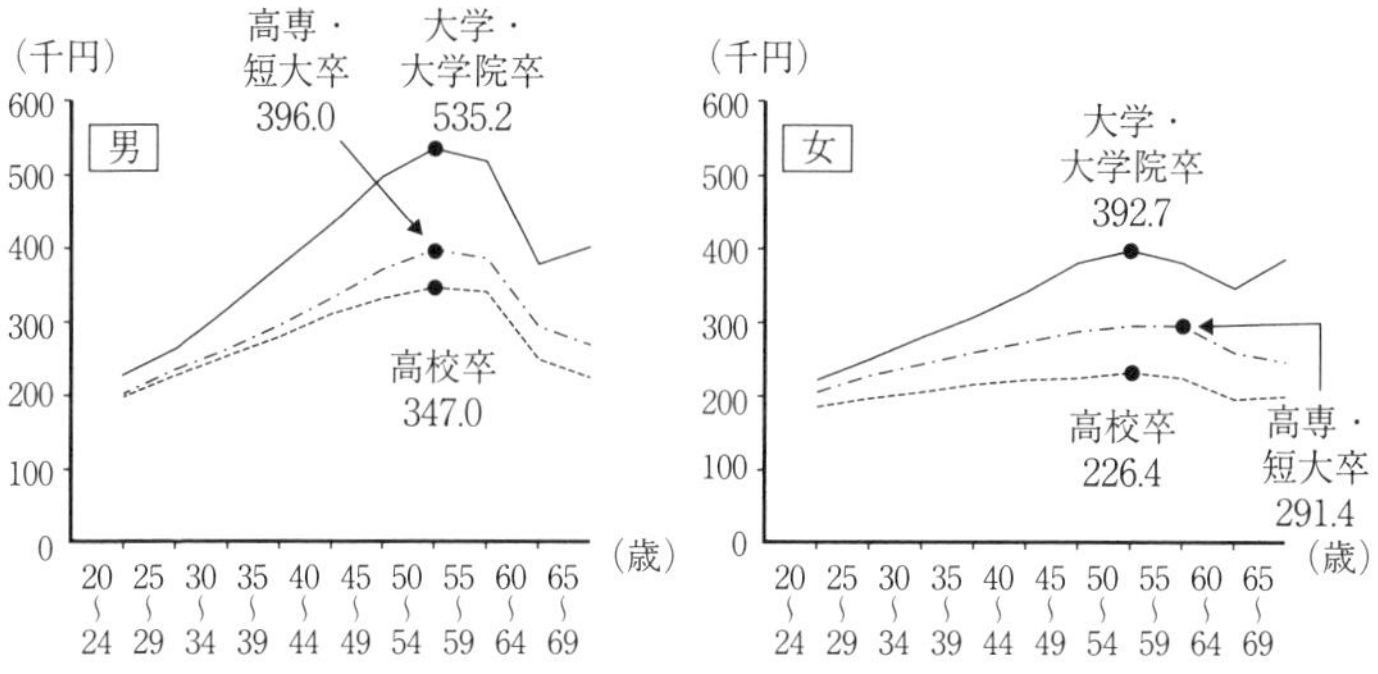

出典）「平成 28 年度賃金構造基本統計調査　結果の概要」第 3 図

ません。

学歴別の賃金格差を見ても（図11-12）、たとえば大学、大学院卒の間でも女性賃金は男性ほどに年齢階層が上がっても上昇は認められません。一つ気になるのが、六五歳以上の大卒・大学院卒の男女のところで、とくに女性の間の上昇が見えますね。これはセレクション・バイアス[14]と解釈できるところです。六五歳以上で高学歴（大卒、大学院卒）というのはとくに女性の間ではまだ少数派で、さらに労働市場に留まる者となるともっと少なくなります。彼女たちはいわゆる例外的な少数派で、彼女たちを見ると男性にも劣らない経済状況にある場合が少なくないことがうかがえます。ここでは、一時点の横断的なデータを、年齢階層別に平均賃金をつなげているだけですが、そこから想定されることはいろいろあって、男女比較もさることながら男性内、女性内でも階層性が少なからずあることは忘れてはなりません。男女賃金格差の程度を国際比較してみると（図11-13）、OECD諸国の中で日本は韓国に次いで二番目に高いことが読み取れます。アジアで最初に産業化を達成した国の割には、日本の男女の間でまだまだ賃金格差が大きいのです。

ここまでマクロな統計データを見てきましたが、数字の裏にこそ重要なポイントが隠されています。女性の高学歴化は大学進学率から見ると男性の値に近づいて男女格差が改善されています。しかし、大学に進学してからの専攻分野の違い、卒業後の就業分野や、就業継続で代表される働き方など、まだまだ男女格差が縮小したとまでは言えない現実も同時に確認することができます。日本女性の高学歴化は多くの欧米諸国で見られるように、労働市場における男女格差の縮小と連動して

図 11-13　ジェンダー間の賃金格差の国際比較（2015 年）

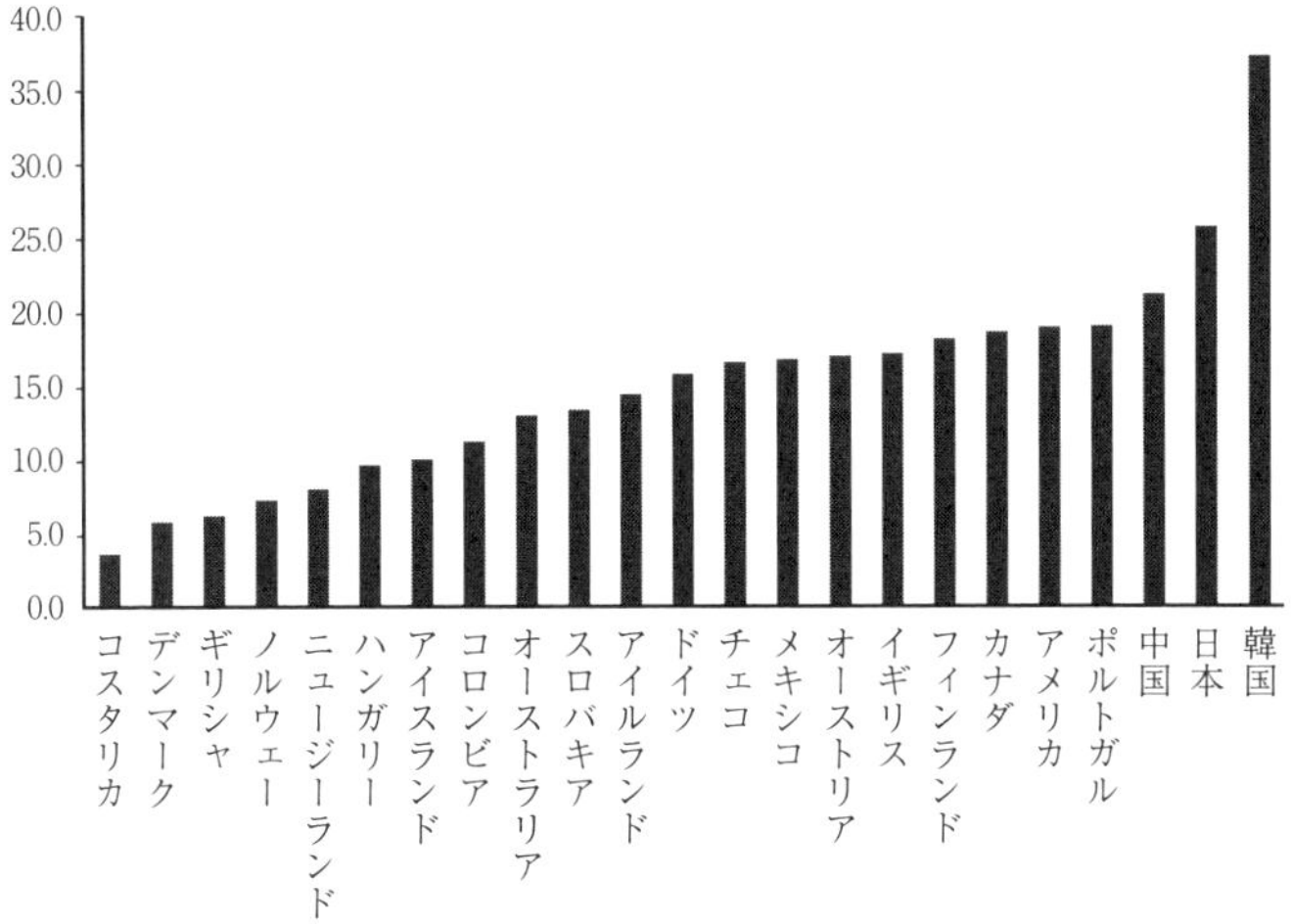

注）賃金格差＝((男性賃金中央値－女性賃金中央値)／男性賃金中央値)＊100
出典）OECD (2015), Education at a Glance 2015
https://data.oecd.org/earnwage/gender-wage-gap.htm

きたわけではありません。もっとも、たとえば米国では、大学院進学率の上昇の背景にビジネススクールやロースクールといった専門職大学院への進学が、労働市場における評価や報酬と連動するような形で進行したことも、米国における女性管理職の拡大に加担しました。しかしながら、日本企業においてＭＢＡ学位を取得したところで、人事管理制度がそのような外部専門教育と独立して設定されていれば苦労して学位を取得するインセンティブも生まれません。

日本が産業化達成の後も長期にわたって、強固な性別役割分業体制と理念を温存してきた、あるいは温存できたのは、特異だと言えるかもしれません。目の前にある統計が、女性たちが望む積極的な選択の結果であったかどうかはわかりません。事実、結婚時期が遅れ、出産時期が遅れる背景には、家庭と仕事の狭間で悩み苦しむ女性たちの姿も垣間見えてきます。もちろん、男性と同じくらい高学歴化が進むことが、男性と同様の働き方を志向するとみなすことには無理があります。高度経済成長期を支えた男性たちの働き方は、家で子育てをし、夫や家族員の世話を一手に担う専業主婦がいたから可能になったこと。その前提条件をなくして、男性的働き方を女性にも期待すること自体無理があります。言い換えれば、賃金や管理職割合に見る大きなジェンダーアンバランスは、男性の働き方、生き方そのものを考え直すことから始めないとその抜本的解決までには到底行きつくことができないということになります。

個々人の気持ちや意識をもう少し見てみると、また少し違った様相も浮かび上がってきます。何が望ましい未来の姿なのか。本人たちはどう感じているのか。少し意識調査データの結果を見てみましょう。

ところで、ジェンダー、あるいは男女という言葉をとくに断りなくここまで使ってきましたが、誰が女性で男性かは単純な二変数で対応できないことは、もっと早くにお断りすべきでした。とくに、ジェンダーという言葉を使用する意味は性差に社会的な意味合いが位置付けられていることが重要ですから、自らのアイデンティティーの問題、誰を嗜好するかという関係性の問題、あるいはAかBかの嗜好が独立しているわけではないという状況などは重要なポイントです。とくにお茶の水女子大学からのトランスジェンダーの学生を受け入れるという方針の明言は社会的に極めて重要

図 11-14　未就学児をもつ母親の望ましい働き方

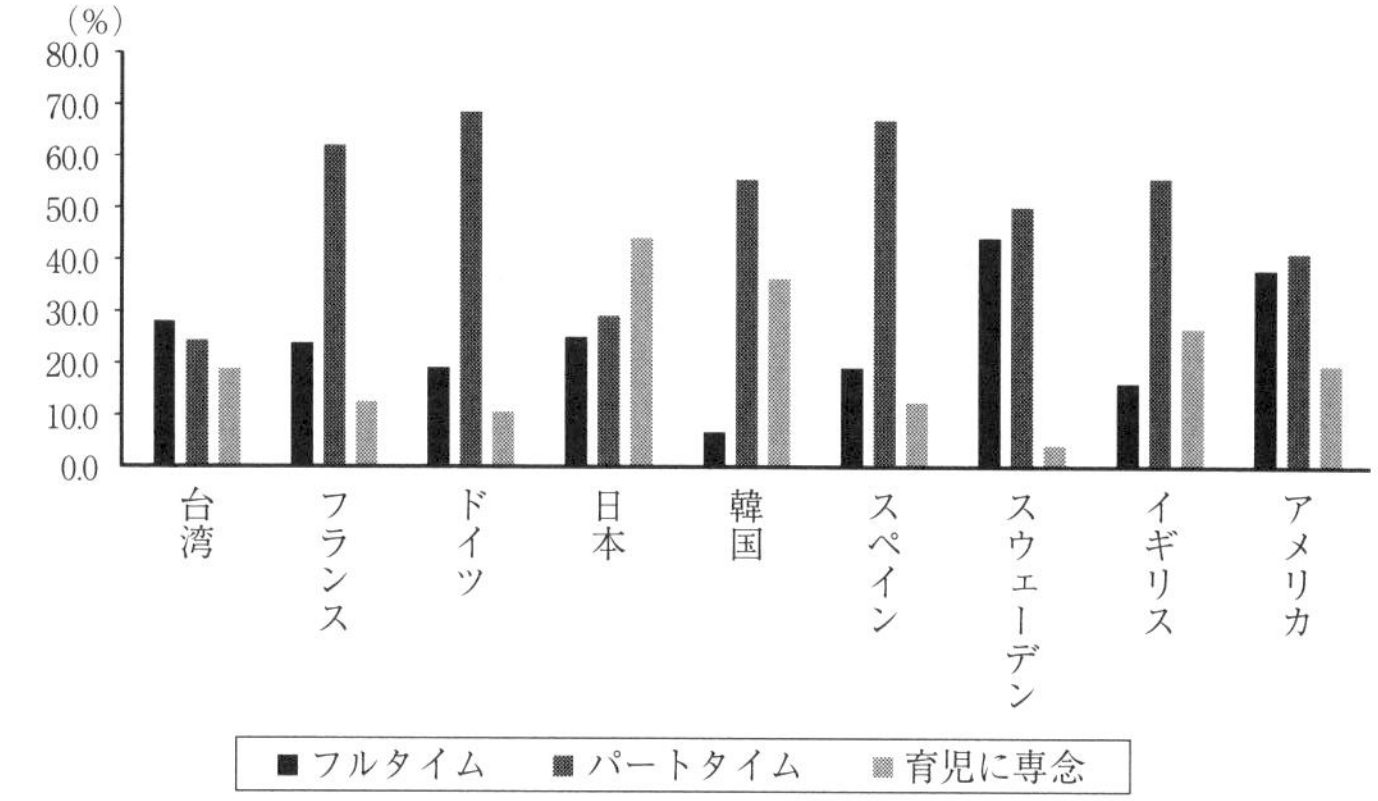

出所）2012 年 ISSP データ

かつ大きな影響をもつと思います[15]。ただ、本講演では大きく、男性・女性というところでジェンダーをお話ししていますことを、お断りしておきます。

性別役割分業規範の各国比較

さて、学歴達成や就労における男女の役割にあって、家庭内の性別役割分業規範に基づく期待が依然として強い現実があります。事実、幼い子どもを持つ母親役割への期待が日本は非常に高いことが国際比較の中で見えています。図11-14は、国際ミクロ調査データを用いて二〇～四九歳までの男女を対象にした回答結果です[16]。質問は、未就学児をもつ母親が働く場合の望ましい働き方についてです。選択肢はフルタイムで働くべき、パートで働くべき、働かないで育児に専念すべき、の三択となっています。その結果、日本の特徴は育児に専念すべきという割合が高いことです。韓国の同値も高いのですが、

図 11-15　高学歴女性の専業主婦への思い入れ

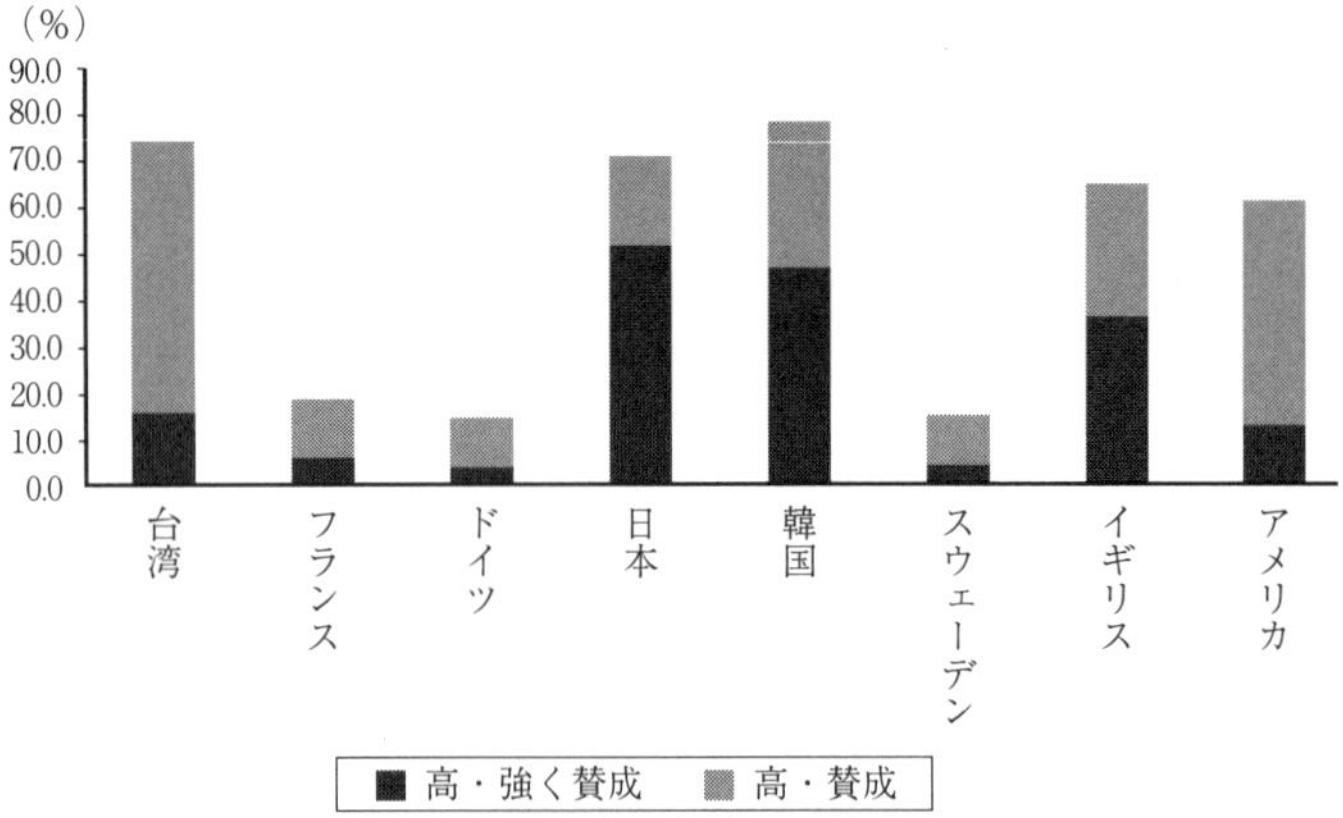

出所）2012 年 ISSP データ

パートタイムで働くのがよいとする割合が最も高くなっています。スウェーデンでも、パートタイムがよいとする割合は高く、フルタイムで働くのがよいとする者とほぼ同じくらいで、アメリカも同様のパターンが見られます。フランス、ドイツ、スペイン、イギリスはパートタイムで働くのがよいとしています。一方、他国に比べ、日本は育児に専念するのが望ましいとする傾向にあります。図としては提示していませんが、回答を高学歴者に限定しても、幼い子どもがいる場合母親は育児に専念すべきという回答は決して少数派ではありません。

次に、高学歴女性だけを選び、「主婦業に専念することは、働くことと同じぐらいの価値があると思いますか」という質問に対する回答結果を示したのが(17)図11-15です。日本、韓国、台湾のアジア諸国は、専業主婦であることを、働くことと同じぐらい価値があることだと位置付けています。とくに、日本と韓国の高学歴女性は、専業主婦であることへの高い価値を強く支持しています。もちろんここで、専業主婦であることに肯定的な価値を置くことを悪いとは言っていません。たとえば、とくに偏差値の高い大学に入学した成功体験をもつ高学歴女性は、母親が専業主婦で自身の面倒をよくみてもらった場合も少なくありませんので、専業主婦に対する肯定的な評価が意外だとも思いません。また、働くか働かないかの望ましさを、一律に比較し評価するのも問題がないわけではありません。ただ、日本が少なくとも現時点では、専業主婦役割を肯定的に捉え、子育てに専念することへの期待が高いことは否定できません。

女性の就労

第二次安倍内閣が二〇一二年に発足し、『日本再興戦略』（平成二六年六月二四日閣議決定）において「女性の活躍推進の取組」が明示化され、二〇一五年九月四日には「女性の職業生活における活躍の推進に関する法律（女性活躍推進法）」が施行されました。女性の活躍の背中を押そうとしたのは、性別役割分業体制のもと高度経済成長を支えた保守党でした。そこで個人的にうまい戦略だと思ったのは、二一世紀に入っても経済成長を担うのを女性としたことです。高度経済成長期は性別役割分業が明確になり、固定化した時期です。既婚女性の無業率を引き上げ夫一人の給料で一家を支えることができる安定的かつ将来設計の可能な雇用環境が、性別役割分業体制が定着する土壌となりました。同推進法では同じ経済成長という目的のもと、性別役割分業の真逆かのような方針が打ち出されました。ただ、そこには不安要素もあります。なぜなら、女性はこれからの日本の経済成長を担う重要なメンバーになるべきだし、それを国としても後押しするといっておきながら、足元の社会の諸制度は雇用慣行も含め固定的な性別役割分業理念の元に設計されたままであるということです。

女性たちは、これまで機会の不平等という点からも、男性と同じほどのチャンスを提供されてこなかった過去があり、現時点の女性個々人の嗜好や態度もそのような過去からの価値、役割期待のもとに形成されています。ですから、女性だからとさまざまな選択肢が制限されることのないよう、女性への支援を提供するとする施策は重要であり、これをよいチャンスに現時点のジェンダーアンバランスを一挙に改善するきっかけとしたいと思っています。ただ、繰り返しですが、「女性活躍推進」は経済成長のための方法となるものではなく、個々人の選択機会が平等に提供されることが保障される人権保障につながるものだということです。女性だからといって、高い学歴を獲得し、望む職業に就き、高い地位に就くというチャンスを決して剥奪されるべきではない、という基本的な人権を保障する考え方を決して忘れてはなりません。

女性管理職の増加への課題

また、二〇二〇年までに女性管理職を三割[18]にという目標値を提示し、上からの改革が推し進められています。ひとりひとりの声からの草の根的な運動は改革を推し進めますが、同時に上からの改革も必要です。その理由の一つに変化への緊急性があります。管理職に女性を含む多様な背景をもった人が参画することの意味は、重要な決定事項に実際の影響を行使する者が多様になることです。これは早急に改善されなければなりません。

一方、日本の状況を全体から見ると、今もお話ししましたように、男女格差の程度は就労状況をはじめとして大きく、仕事をするということと家庭をもつことが男女共に実現するのが難しく、男女共に複数の役割をこなし責任を分担していくことに困難が多いことも、残念ながら事実です。ですから、働く女性の多数派の労働者の底上げは、極めて重要です。たとえ数字の上で三割の管理職が女性になったとしても、次に続く候補者がそれなりのサイズいるためにも、女性のみならず男性も、若年のみならず中年・高齢者も、行動規範や価値観を変革することが必要です。多数派の考え方や行動を変えるには、マクロなレベルの底上げは待ったなしで早急に取り組まなければならない課題だと思います。

また、男女の就労に関る課題として優先順位が最も高いのは、賃金格差の解消です。その理由は、さまざまな決定が、稼得力(19)の違いをもとに行われるからです。たとえば育児休暇を取るときに、母親が取得するか、それとも父親かの選択をする場合、休暇を取得することにともなう家計への影響が最少の状況を選択するのが合理的であるのは当然でしょう。ですから、合理的とする前提条件を崩すことが必要だと思いますし、さまざまな選択を個人の意志にのみ依拠することもまた難しいと思っていますので、前提条件の見直しと奨励される選択への誘導を制度選択に組み込みながら、改革を推し進めることが求められているのではないでしょうか。「一〇三万円の壁」、「一三〇万円の壁」[20]の問題にしても、壁の撤去のみならず男女賃金格差の解消と抱き合わせで進めるべきだと考えています。たとえば年間一二八万円儲けていた人が、壁がなくなったからといって年間五〇〇万円の収入になるかというと、そんなことは少なくて、せいぜい二〇〇万円程度でしょう。制限を撤去することも重要ですが、それ以上に重要なのは正当な評価システムとその評価に対応する報酬がジェンダーにかかわらず正当に保障されることだと思います。

次に優先すべきなのは昇進チャンスです。一九八〇年代の男女雇用機会均等法もそうでしたが、男性を基準にした総合職の働き方に並行して女性には一般職というカテゴリーが用意されるという経歴のダブルスタンダードが生まれ、それはジェンダー格差を前提としていたともいえます。しかし今、ジェンダーに基づくダブルスタンダードが撤廃され、仕事が正当に評価され、相応した報酬が保障され、昇進の内容や機会をジェンダーにかかわらず公平に提供されることが求められています。

ただ、ここでも問題になっているのが、いろんな分野で意思決定を担う上層部において、女性が数的に極めて少ないことです。その意味で、クリティカルマス[21]の確保は早急に解決されないといけません。とにかく候補者も含め、量的に増やすことです。そのためにはまず時限付きの積極的登用政策が有効だと思います。積極的登用政策は逆差別にあたり公平の論理からしても大いに問題あり、という声が常についてまわります。ただ、自然になかなか変化していかない社会を加速的に動かすためには、外圧を使うことも必要だと思っています。すでに遅れをとったジェンダー格差の縮小に向けて、完全な解、唯一無二の方法はありませんが、ジェンダー間のアンバランスを加速的に改善することを優先するためには、一時的にでもコストを払うこともまた必要となります。ですから時限付きの積極的登用策は絶対的に不足する女性構成員を増やす上に、一つの有効な手段ではないでしょうか。

では、どうして女性管理職の割合がここまで低いのでしょうか。理由は大きく二つほどあると思います。一つは評価に関連する問題です。女性だからということで選考過程に先入観が入ることがあります。たとえば、公募への応募書類に、ジェンダーを明記した履歴書と明記しない履歴書で結果が有意に違うという研究成果があります(22)。男女にかかわらず業績を正当に評価し、報酬とも連動させて、わかりやすい評価システムの構築が必要です。もっとも、ここで「正当な評価」をどう位置付けるかは重要なテーマです。たとえば、出産・育児のためにキャリアが遅れることは容易に想像でき、博士号取得までの期間や博士号取得後の刊行論文数を単純比較すると、間断のないキャリアをもつ者が優位になるでしょう。ただ、多様な背景・経歴をもつ者を採用したいということになると、評価方法を工夫することもまた必要になります。

もう一つ言われているのが本人の問題です。「私たちは女性のあなたたちを歓迎しているのに、嫌がっているのはあなた方本人じゃないですか」、「女性も男性と同じにとは言っても、甘えているのは女性のあなた方では？」、という声も耳にします。実際に、将来のキャリア設計にあたり、管理職か専門職かの選択があるとどちらをとりますかと尋ねると、女性の場合、管理職は器でもないし気が重いし、専門職として極めたいという回答が多い傾向が見うけられます。総理になりたい、企業トップになりたい、などと公言した瞬間、男性たちは後ろに引くし、女性の間でも敵が現れるということがあります。女性が野心を出すこと自体、あまりよくは思われないのです。「その積極さを買うよ」などと応援してくれる人が何人出てくるかというと、残念ながらまだ多くはないように思います。

大学の女子学生についても、たとえばフェミニストだと言われるのをとても嫌がります。「なぜそんなに嫌がっているの?」と聞くと、レッテルを貼られるのがすごく怖いらしいのです。よくよく話を聞いてみると、いわゆるフェミニスト的問題意識は持っているものの、「フェミニスト」だと言われた瞬間、彼氏だってできないかもしれないし、といった話を聞きます。女性が野心的で、女性としての権利をしっかり主張することへの世間からの仕打ちが強かったし、いまだに強いのだと、こういう話を聞いていつも感じます。フェミニストと呼ぶかどうかは別としても、野心を持つことも、多数派の意見とは違う意見を表明することも、しっかり主張することも、決して悪いことではありません。もっと言うと、「器ではない」と言うけれど、器にはなっていくものです。最初から器の人などごく一部だと思います。

また、管理職に就くということを、必要以上に特別視しないことです。これは重要です。長いキャリアの中では人の上に立ち、管理する側に立つことは、それほど特別なことではありません。ですから、少なくとも、あなたたちの世代もそうですが、その次の世代では、男だから、女だからに関係なく管理職になるということが位置付けられてよいと思います。

管理職に少ない属性の人をなぜ積極的に取り入れなければいけないのかは、物事を決める際にマイノリティという感覚が極めて重要だからです。多数派の意見を反映させることはもちろん管理職として重要なことですが、常に少数派の意見、弱い立場の人がいるわけなので、その存在に対して敏感であることは、組織の運営を進める上で極めて重要なことです。また、新たな展開を考える際には、既得権を超える発想と実行力が求められますから、その際に少数派の存在は貴重です。また、管理職にともなう影響力の行使とその責任は、本人からすると重圧となってのしかかってきます。そこで、女性管理職三割を最終的な目標にすることなく、管理職に就いてからも継続的に支援することは三割目標と同じくらい力を注いでもらいたいことです。これまで、管理職に就くことを微塵も期待されてこなかったし、本人にとって青天の霹靂の場合にはとくに、管理職として登用した後も、キャリアサポートを継続的に提供することがとても重要だと思います。そうすることで、次のマイノリティの背景を持った者が後に続きやすくなり、組織の新陳代謝がよくなって、結果として組織が強くなります。アメリカでは inbreeder と言いますが、同質的な組織への忌避感が強いのです。一方、日本ではいわゆるエリートという者が限定的であった分、結果として管理層が同質的な傾向があります。この点については、組織に多様性をいかに貪欲に入れ込むかの意気込みとも関係するかもしれませんし、今後の課題になっていくと思います。

どこから始めるか?

では、どこから始めるかということですが、私はできるところから始めるべきと思いますし、すでにもう遅れていることは確かですから、あまり猶予はないと思っています。その一方で、場当たり的な政策の導入・運営には注意をしなくてはいけないと思います。意識改革がまずはじめ、とも言われますが、個々人の意識が変わって制度改革が起こるというより、制度が変わって意識が変わります。意識改革が必要だと政治家の方はおっしゃるのですが、制度が変われば個人の意識も変わっていきます。閉じられた場では変だと思われていることでも、一歩外に出たら、意外に変ではないことがあります。ですから、国外研修などにも積極的に参加してもらいたいと思います。文化も違うし、生活、歴史も違うし、いろいろな社会の様相は、同じ一九九〇年、二〇〇〇年にあって違います。異なる生活圏でいる人たちと一緒に議論を戦わせる経験から、勇気をもらったりします。実際に私自身が日本を飛び出したときの経験はそうでした。

物事を大きく変えようとする時は、さまざまなところで亀裂が生じて、障害にぶちあたり、必ず対抗勢力から文句を言われます。いくら確信をもった提案であっても、実際にやってみると失敗するかもしれないリスクもつきものです。世間から叩かれることだって覚悟しなければなりません。でも、今、問題が存在し、その問題を解決するためには変えるべきと強く感じたのであれば、やはりやるべきだと思います。ただ、変化の実行を特定個人にのみ委ねるのでなく、多様な背景を持つ者が議論に参画することもまた重要です。いろいろな段階で、いろいろな人が関わり、参画することで議論の中味が良くなっていきます。多様なリーダーがいることによって、多様な構成員の力が発揮され大きな力が引き出されると思います。家事を一手に担う夫に、マスコミはこぞって称賛の意を表します。「主婦」ならぬ「主夫」ですね。でも、私はそれを個人的には買わないのです。その状況は特定役割の担い手に女と男が入れ替わっても、硬直的な役割構造が変わらなければ、問題は解決しないと思うからです。また女性のことは女にしかわからないとか、男は男同士に限るなどという議論も、まったくの嘘ではないかもしれませんが、私としては少々違和感があります。女は女同士、男にしかわからない、といった途端、それぞれ男性、女性は排除されています。多様な人を仲間に入れることが求められている今、排除の理論は世の中の動きに逆行するものです。

リベラルアーツとリーダーシップ

少し前に文系諸学が国立大学ではいらないという議論(23)がありました。そのときに最初に動いてくれたのが、国外にいる仲間たちでした。海外からたくさんのメールをいただき、『ジャパンタイムズ』にも紹介していただきました(24)。今、さかんにいわれているイノベーションは、技術革新に留まることではないのです。何を正しいと見て、何を新しいこととして受け入れるか、最終的には価値の問題なのです。ただ、新しさは過去に対する理解があってはじめて、新しいといえるのであって、失敗を何度も繰り返すのは過去からの学びが足らないこと。さらには、こうしてみなさんに話したり、本日お配りした資料にある「ことば」や「文字」は人なるものの根幹となる道具です。学問や研究は真理を求めていくわけですが、それは永遠の課題であり、人類という大きな枠組みから見ると、われわれ人間などちっぽけです。そのような認識が人としての傲慢さの歯止めになるのです。こういった一連の思考は、まさしく人文学であり社会科学があってこそです。この文系諸学を国の教育機関から排除することなど極めてナンセンスだと言わなければなりません。

私が留学したイギリスやアメリカで、国を代表するトップ大学ではとくにさまざまな分野のリーダー人材を輩出することを使命としており、理系・文系の違いにかかわらずリベラルアーツ教育が重要視されています。理系の経営者にしても、リベラルアーツ力がなければ、説得力のある説明もままならなくなります。日本語で教養教育と言えますが、一部の知識人に占有されるものでなく、物事を決める際の価値判断に不断に関わる人間力の肥やしとなるものです。それほど重要な分野なのです。

日本では、子どもの頃、自ら選んで決めることを求められる場面は少ないですね。大人になったら自分で決めればよいといった具合です。でも、物事を決めて、行動する力は幼い頃から培われることで、そのためには多様な分野の、古典といわれる書物を読み、先人たちの考えに触れ、今の世の中を過去との関連のなかで相対的に思考する力を鍛えることが求められます。そのような肥やしをもとに、正しい価値判断のできる大人が増えていくのではないでしょうか。多様な場面でさまざまな種類の選択をし、価値判断が試される場合が多くなると、そこでものをいうのはリベラルアーツの力です。それは日常レベルでも発揮されることになります。多様な価値を生み、その価値を許容、承認するためにも、子どもたち、若い人たちにリベラルアーツの学びが奨励されなければなりません。多少の無理があっても二〇年、三〇年先の社会に向けた強攻策も行使しなければならないこともあります。その時、適切な判断ができるか否かは、リベラルアーツの力をどれくらい獲得しているかと関連してくると思います。とくに、大学で教育を受ける恩恵は、専門教育のみならずリベラルアーツの取得をもって、社会的な想像力をたくましくすることにあります。

ですから、リベラルアーツの基礎があって、多様な生き方、あるいは多様な人生のあり様を受け入れ、また自らも体現することができるのではないでしょうか。女性がリーダーになることが決して珍しいことではなく、肩に不要な力が入らなくてもよいリーダーシップのあり方を共有できると、私はとてもいいと思います。以上で講演を終わります。

注

（1）社会学の一分野。学歴、職業、収入などの指標で測る社会的地位による不平等を研究する。
（2）厚生労働省に所属する国立の研究機関。一九九六年、厚生省の人口問題研究所と特殊法人社会保障研究所の統合によって設立。人口、経済、社会保障に関する調査や研究を行う。経済学者の塩野谷祐一が初代所長（一九九六―二〇〇〇）。
（3）一〇年ごとの大規模調査に対して、五年ごとの簡易調査に当たる年。
（4）六五歳以上の高齢者人口のうち、七五歳以上の人口。

（5）社会学者の山田昌弘による造語。「学卒後もなお、親と同居し、基礎的生活条件を親に依存している未婚者」（山田　一九九九）のこと。

（6）各国における男女格差を測る主な国際的指数の一つ。世界経済フォーラム（World Economic Forum）が作成。

（7）cohort effect コーホートは一般的に歴史的に同じ時期に生まれた人々の集まりを指す。コホートともいう。コーホート効果とは特定の出生時期によって、独自の行動様式や意識のあり方が認められる状況を意味する。

（8）文部科学省「学校基本調査」（https://www.e-stat.go.jp/stat-search/files?page=1&layout=datalist&toukei=00400001&tstat=000001011528&cycle=0&tclass1=000001021812&second2=1）総括表4より。

（9）国立社会保障・人口問題研究所「人口統計資料集」（http://www.ipss.go.jp/syoushika/tohkei/Popular/Popular2018.asp?chap=0）表6‐12「全婚姻および初婚の平均婚姻年齢：1899～2016年」参照。

（10）総務省統計局の「労働力調査　長期時系列表」（http://www.stat.go.jp/data/roudou/longtime/03roudou.html）より作成。

（11）注(10)に同じ。

（12）主要産業に雇用される労働者の賃金の実態を、産業、地域、企業規模、雇用形態、就業形態、職種、性、年齢、学歴、勤続年数、経験年数別に明らかにするために、厚生労働省が実施する統計調査。

（13）常用労働者とは、期間を定めずに雇われている労働者、一ヵ月を越える期間を定めて雇われている労働者、そして日々又は一ヵ月以内の期間を定めて雇われている者のうち、四月および五月にそれぞれ一八日以上雇用された労働者、と三つのカテゴリーからなる（https://www.mhlw.go.jp/toukei/

list/chinginkouzou_b.html#09)。

(14)「統計的分析を通じて社会現象の因果関係を見極める際に、説明要因が結果に影響する要因と独立に(またランダムに)選択されていないと、因果関係の推定に誤りをもたらす、というもの」(山口 二〇〇八)。

(15) お茶の水女子大学は、戸籍上の性は「男性」であるが、自分で認識している性が「女性」であるトランスジェンダーの学生を二〇二〇年度から受け入れることを、二〇一八年七月に発表した。

(16) International Social Survey Programme: Family and Changing Gender Roles IV - ISSP 2012 の個票データから作成。

(17) 注(16)に同じ。

(18) 二〇〇三年、男女共同参画推進本部は、社会のあらゆる分野において、二〇二〇年までに指導的地位に占める女性の割合を少なくとも三〇%程度にするという政府目標を掲げた。

(19) earning ability 所得を生み出す力。稼得能力ともいう。

(20) 配偶者控除や社会保険料の負担に対する年収のボーダーライン。

(21) critical mass 新たなことが普及するために最低限必要となる支持者や採用者の人数。経済学者のトーマス・シェリング(Thomas Schelling)と社会学者のマーク・グラノヴェッター(Mark Granovetter)によって理論的重要性が指摘された。

(22) たとえば Correll et al.(2007)は、子どものいる女性は就職上差別されることをこのような方法で明らかにした。

(23) 二〇一五年六月に文部科学省が国立大学に教員養成系や人文社会科学系の学部や大学院の廃止や転換を求める通知を出し、それに対する批判や懸念が続出した。

(24) Kingston (2015) に、人文科学や社会科学への圧力に対して声をあげ、不合理だと主張すべきだという白波瀬氏の発言が引用されている。

第十二章　リベラルアーツ教育と女性の活躍

――パネルディスカッション（1）

講師：山口一男

皆さん、こんにちは。ご紹介にあずかりました山口です。今日は、白波瀬先生のご講演の最後にダイバーシティとリベラルアーツの重要性というお話がありましたので、そこを引き継ぐ形でお話します。タイトルは「リベラルアーツ教育と女性の活躍」です。

まず、このシンポジウムの全体のタイトルにあります、リーダーシップについて少しお話ししたいのですが、こちらの研究所では、グローバルリーダーシップと言っています。グローバルリーダーシップは、ただのリーダーシップとどう違うのでしょうか。グローバルリーダーシップと対置されるのがローカルリーダーシップです。

ローカルリーダーシップというのは、自分の国や組織などの特殊な利害、固有な価値観、文化を重視します。米国の大統領はグローバルリーダーといわれていましたが、トランプ大統領になって急にローカルリーダーになってしまった感じです。

グローバルリーダーは、一つの国や一つの組織を越えた普遍主義的な価値であるユニバーサリズム（universalism 普遍主義）、それから多文化主義的な価値であるダイバーシティの尊重もその思想に入りますが、マルチカルチュラリズム（multiculturalism 多文化主義）を重視します。リベラルアーツ教育の一つの特徴は、やはり普遍主義的な、あるいは多文化主義的な価値の尊重にあります。つまり、一つの国や組織や文化を越えて理解ができ、コミュニケーションもできる。そういった思考の基礎を作るというのがリベラルアーツ教育ではないかと考えております。

それに対して、ローカルリーダーは、アメリカファーストという言い方にも表れていますが、比較的内部者の既得権を守ろうとする習性が強いので、既得権を持っていることが多い男性から選ばれることが多くなります。またその結果、リーダーシップの男女平等の推進を妨げることになります。この点で日本の企業には非常に特徴的なことがあり、経団連の会員は全員が男性で、転職経験のほとんどないことが最近わかりました（西條　二〇一八）。

一方、女性は男性に比べて既得権に縛られることが少ないので、普遍的価値観を受け入れやすく、グローバルリーダーにむしろ適しているといわれています。具体的な例を挙げると、二〇一五年時点で、日本の国連職員のうち、専門職の女性割合は六〇％。幹部職の女性割合は四三％です（内閣府男女共同参画局　二〇一五）[1]。これは国連には女性差別がないことが関係していますが、それに比べて日本企業の課長以上の女性割合は九％です（厚生労働省　二〇一七）。これは少し前の数値で、今日の白波瀬先生の発表では一〇％ぐらいにはなっているという話でしたが、それでもその程度だということです。

私の問題意識(2)ですが、文部科学省が国立大学公立大学（独立行政法人）における文学部系、教育学部系の縮小を考えている状況を危惧しています。それ以前に、いわゆる教養課程を各大学で廃止して、東大ぐらいにしか残ってないという状況が生まれて、実学的な職業に結びつくような教育を非常に重視し始めたということも問題です。

では、果たしてリベラルアーツ教育は現代社会に無用の長物なのか。答えは否です。米国の大学におけるリベラルアーツ教育の重要性をいうなら、これは白波瀬先生のお話にもありましたが、シカゴ大学ではコアコースとして、人間の文明がいかに進んできたかを、ポジティブな面もネガティブの面も含めて学ぶシヴィライゼーションコース（Civilization Course）が必修です。いくつかの異なるコースがあり、選択できる状態です。

また、リベラルアーツ教育は単なる教養的知識の習得を目的とするのではなく、現代社会に関連するさまざまな問題を学際的に考える知識と思考力を養うコースと考えられています。ただし、リベラルアーツ教育が即役立つ知識の実践的な職業訓練教育とは対極にある点では昔も今も変わりません。

具体的な例ですが（図12-1）、学問的には数学、物理科学、それから生命科学があり、情報科学も比較的数学に近い。それから社会科学になり、人文学があるという区分になりますが、基礎的な問題には、実は学際的に共通部分が多く、その基礎を担うのもリベラルアーツ教育です。

図 12-1　学際的な共通要素

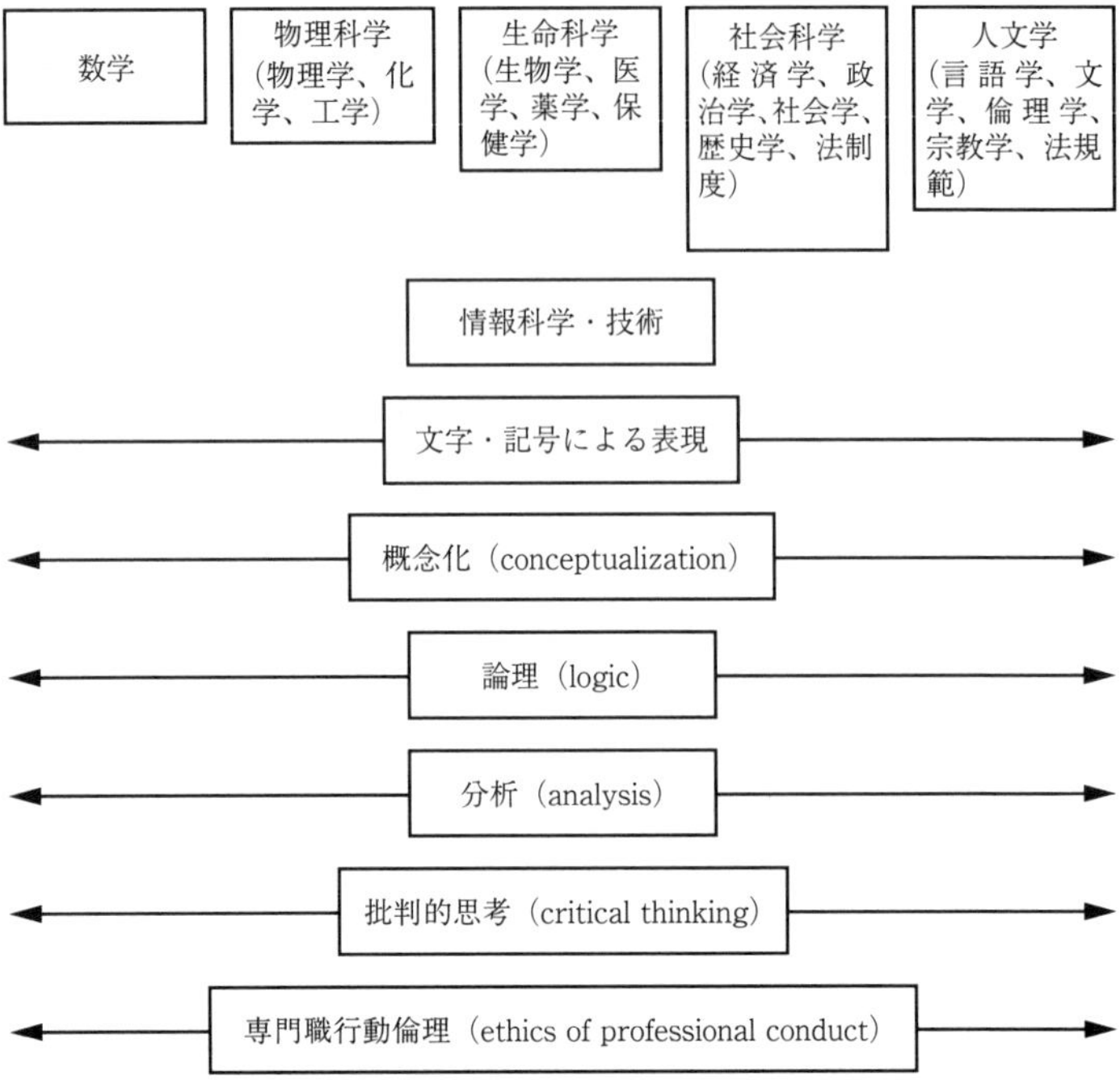

注）学問分野を超える共通要素は多い。これらの重要な共通要素の多くは IT に頼る視聴覚情報中心の教育では全く発達しない。

　このような共通要素に関する知力を育成強化することがリベラルアーツ教育の目的の一つである。

参考文献）山口一男「国立大学改変問題によせて―何が本当の問題か」
経済産業研究所コラム、2015 年 9 月 10 日　ハフポスト転載、2015 年 9 月 14 日

ＩＴ中心の視聴覚機器を使う教育が、わかりやすい、見やすいということで、最近非常に広まってきていますが、そういったものでは、学問分野を超える重要な共通要素の多くはまったく発達しません。逆に基本的な思考力がどんどん欠けてきてしまうのではないかという危機感も一方で持っています。

学際的な基礎ですが、まずどの学問でも文字や記号による表現を土台とする点が共通します。数学の場合には数式が記号に当たり、文学は当然言葉という記号に依存しています。概念化（conceptualization）もすべての学問分野に共通です。論理ですが、論理的なものの思考は数学などに限ったものではなく、人文学でも非常に重要です。今日、焦点を当てたいのは、最後の三つの共通要素である、分析（analysis）、批判的思考（critical thinking）、それから専門職行動倫理（ethics of professional conduct）です。

これはグラハムスクール[3]の画像です（図12-2）。私が理事を務めている大学院です。ウェブサイトに掲載されている画像です。最初に組織経営とリーダーシップを教えていることが書かれています。グラハムスクールでは職業人教育に力を入れていて、約七〇％が職業人です。画像の左方向に小さく中国の北京にある大学との提携を含むリーダーシップ教育であることも謳っています。

ここでは、Master of Liberal Arts、つまり、リベラルアーツの修士号を出しています。Ethics and Leadership Concentration という新しいプログラムが始まりました。コンセントレーションとあるのは、リベラルアーツは広範囲にわたるので、何を中心に学ぶかということです。

図 12-2　シカゴ大学グラハムスクールのウェブサイト

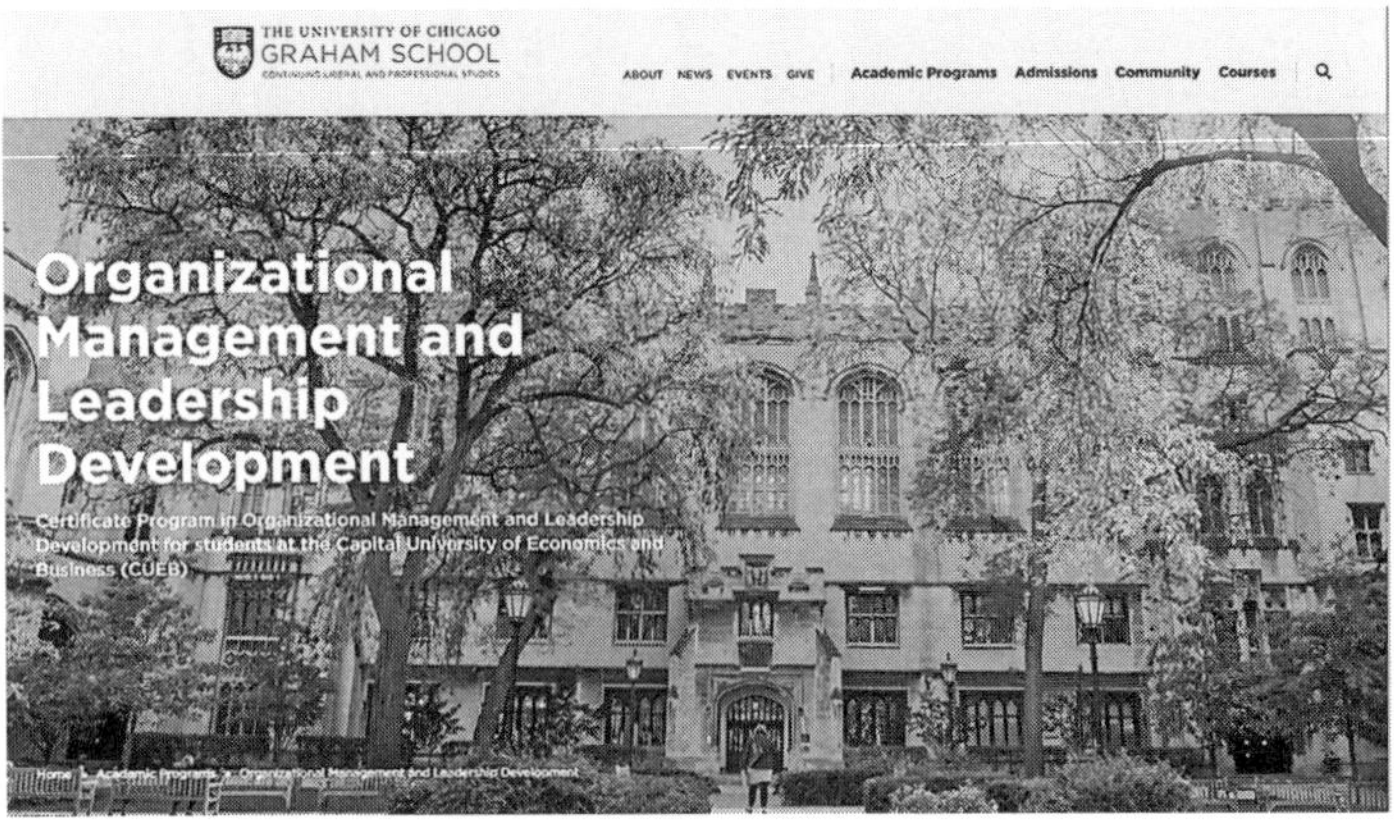

具体的にどのようなプログラムかというと、エシックスですから、倫理です。倫理とリーダーシップを中心に学びます。倫理を学際的に学ぶには、それこそさまざまなことを学ぶ必要があります。伝統的なものでは、たとえば基本的人権や社会的自由、つまり言論・出版の自由、表現の自由、集会結社の自由、信仰の自由。これらは昔からいわれていますが、最近重視されるようになったのは情報の自由です。個人のプライバシーの保護や情報公開です。社会的差別からの自由は非常に重要性を増しています。

これらの他に、より特殊な政治倫理や、経営倫理、たとえば、ダイバーシティのマネジメントの倫理もあります。差別やセクハラの禁止については米国の大学などには通報の義務もあります。日本には全然そういうものがありませんが、アメリカでは大学の教員は差別やセクハラを目撃した場合には、通報義務があるという倫理が確立しています。つまり、見過ごしてはいけないということです。

さらには医療倫理もあります。医療が進むにともない、当然医療倫理もさまざまに複雑化し、倫理、医学、医学史にまたがる知識を必要とします。環境保護倫理、それから情報管理倫理もあります。社会調査の倫理とＩＲＢ（institutional review board）ですが、社会調査によって、調査対象者の人権が損なわれる可能性を防止するための委員会が各大学に設置されており、それがＩＲＢです。私も何年かその委員を務めました。

以上のようなことを広く組織のリーダーは知る必要があります。社会においてさまざまな領域にまたがる倫理が重要視されてきたかを知り、身につけることがリーダーにとって必要だということです。倫理を中心としたリーダーシップを考えるという、これもリベラルアーツですが、専門性と切り離された抽象的なものではありません。

次に分析の話をします。今度はシカゴ大学の話ではなく、私自身が考えた例です。わかりやすい例を用意しました。社会科学と文学の例を出したいと思います。社会科学で学際的に行われている例では、統計的なデータ分析があります。分析（analysis）とは物事を要素（element）に分解して、その要素の機能（function）から全体の特性を明らかにする手法ですが、統計的な分析におけるアナリシスは、数値や数値の関係を見て、それがどういう意味を持つかということから、社会の解釈を再構成していく考え方です。

統計分析は量的分析ですが、社会学の質的な分析の中には、概念の社会機能分析というものもあります。特定の社会的概念を中心に、それが社会でどのように機能しているかを明らかにすることで社会の特質を描く分析手法です。

日本では歴史的にアナリシスという言葉を使わなくても、アナリシスを実践した優れた社会科学的な質的分析があります。たとえば、有名なところで、戦前の九鬼周造[4]先生の『「いき」の構造』です（九鬼　一九三〇）。これは一九三〇年刊行ですから、古典的著作です。「いき」という概念から社会を理解するという展開で、非常に優れた作品です。

中根千枝[5]先生の『タテ社会の人間関係』もそうです（中根　一九六七）。これは英訳されて、日本を紹介する非常にポピュラーな著書になりました。「場」、「ウチとソト」の区別、「縦の関係」などという鍵概念を中心に日本社会の理解を構築しました。

土居健郎[6]先生は精神科の医師ですが、『「甘え」の構造』という著書があります（土居　一九七一）。これもベストセラーになりました。「甘え」という概念から日本社会の特質を理解するものです。

次に、文学の例を挙げます。最近、シカゴ大学で多和田葉子さんを招きました。多和田葉子さんはご存じと思いますが、独文と和文の作品で、芥川賞だけではなく、ドイツのゲーテ賞を受けるなど、文学賞を非常にたくさん取っていて、本当に国際的に活躍している作家です。彼女を招いて講演していただいたのですが、そのときに「いのちと人間」をテーマに比較文学の話をされました[7]。

この講演の内容を、私は『ハフィントンポスト』の日本版で紹介をしました（山口　二〇一六a）が、多和田さんは「いのち」については、「生命」だけでなく、「人生」や「生活」をも意味する英語のライフと異なり、日本語の「いのち」はただ生きている、息をしている、という内容以外中身のない言葉であり、仏教のように動物や、植物や、お米まで、ありとあらゆる「生きとし生けるもの」の「いのち」は粗末にしていけないという思想があると言います。その一方で、多和田さんは、ヨルダンで特攻隊を賛美する日本人に会って話をしたときに、その人が、「いのちは大切ではないんです。大切なのは人間なんです」と言った話から始まって、日本人の中では、「いのち」は「ネズミでも雑草でも持っている、人間にとって重要ではない」という思想につながっていることを知ります。それゆえに「いのち」は大きく揺れ動く安定性の無い概念であることを多和田さんは指摘しました。

では、「人間」の理解はどうかというと、さまざまな日本文学の例を通じて、人間というものは実は非常に多様に理解されるあいまいな概念である一方で、共同体の存続を優先するために個人の命を軽視する者を人間的と見る思想も文学の中で評されており、そこが個人や人権を第一に考える西洋の思想と異なるという話をされたわけです。

この多和田さんの講演は、「いのち」と「人間」という概念を鍵にして、日本文化論を行い、非常に素晴らしいものでした。私の記事については、『ハフィントンポスト』をご覧になっていただければと思います。アナリシスというのが学際的で、もちろんアナリシスは自然科学の分野でも非常に重要なわけですが、社会科学と文学を例にお話ししました。

もう一つ学問を通じて共通するのが、批判的な思考（critical thinking）と反事実的な思考（counterfactual thinking）です。批判的思考は、与えられた事実や考えをそのまま鵜呑みにせず、自ら再構成することで、事実誤認や論理的欠陥を発見したり、明示的でない仮定や条件への結論・結果の依存を明らかにしたりすることで、物事のより深い理解を得ようとすることです。つまり、ただ物事をそのまま受け止めて解釈するのではなくて、批判的な視点を持つことです。

それから、文学では、たとえば比喩的表現を通じて、社会問題を指摘することも批判的思考の一形態です。とくに抑圧的な社会では権力者の直接批判は弾圧される可能性が多く、批判的な表現の文学に限らず、演劇などでも比喩的表現が多用されている歴史があります。

反事実的思考とは、実際に実現した事実とは異なる状況での結果を推定したり、それが起こり得た条件などを考えたりすることで事実へのより深い理解を得ることです。こういったことがリベラルアーツ的な教育の中では重視されています。

東大の加藤陽子先生の『それでも日本人は戦争を選んだ』という非常に優れた本があります（加藤　二〇一六）。加藤先生は歴史上のいくつかの場面で日本が無謀な太平洋戦争に突き進むことを選ばず、他の道を選べたことを指摘し、その理由を説明しています。ですから、実際にはその選択をしなかったわけですから、事実と反するわけで、歴史の事実に必然性はありませんが、いつどこで何を行えば望ましくない史実の阻止が可能であったのかの分析は、歴史の過ちを繰り返さないためには非常に重要です。

これも反事実的思考が歴史学に影響し、加藤先生はそれをうまく取り入れていると私は感じました。以前は反事実的思考は歴史学の中にありませんでしたが、最近それが多くなりました。

それから私の研究を例にお話ししますが、厚生労働省の調査(8)によると、女性が管理職にならない理由について、企業の人事関係者に聞くと、三大理由が「現時点では、必要な知識や経験、判断力を有する女性がいない」「将来管理職に就く可能性のある女性はいるが、現在管理職に就くための在籍年数などの条件を満たしている者はいない」「勤続年数が短く、管理職になるまでに退職する」となります。アンケート調査を実施すると、こういう答えが返ってくるわけです。

私は、その理解が正しいかどうかを確かめるために、反事実的状況と言いますが、統計的に勤続年数や学歴で女性が男性と同じだったら、実際に管理職の割合でどのぐらい男女格差を説明できるかを分析しました。すると、これは私の本『働き方の男女不平等』（山口　二〇一七）の二章で書いたことですが、課長以上割合の男女格差はわずか二〇パーセントしか減少しないことがわかりました。つまり、八〇パーセントは勤続年数が同じでも、学歴が同じでも、男女で昇進率が違うから格差が生まれるという結果が出たわけです。

アンケート調査の結果を鵜呑みにして、だからこうなんだと受け取らないで、こういう反事実的な思考をして、真実はどうなのだろうかと見極めていくことが非常に重要です。これは社会科学の例です。

批判的な思想の例は、ルイス・キャロルの文学からとりました。『鏡の国のアリス』の中の一場面です。"There's the King's Messenger. He's in prison now, being punished: and the trial doesn't even begin till next Wednesday: and of course the crime comes the last of all."。つまり、王様の使者は今罰せられ投獄されているが、裁判は来週の水曜日まで始まらず、罪を犯すのはもちろん最後に来ると、順序でいうとおかしなことを言っているわけです。もし、罪を犯さなかったら、とアリスは聞きます。むしろその方が良いんじゃないかとクイーンは答えるわけです。アリスは、確かに良いけれども、やっぱりおかしいと考えるわけです。最後に、アリスは、自分の場合には何か過ちを先に犯して罰を受けた、罰に値することを先にやったんだと言います。しかし、クイーンは罰に値することをしないなら、はるかに良いんじゃないか、と言い続けるわけです。

ルイス・キャロルのこの話は当時英国に既に存在した「共謀罪」の乱用の批判と考えられているのですが、私は、これをもじって、先ほどの著書の中で『鏡の国のアリス』のロジックとして、離職率を理由とする日本企業の女性に対する統計的差別に関して同じように書きました。

――〔クイーン〕　女性雇用者たちがおる。彼女たちは離職の罰をうけて、賃金をカットされておる。離職がどの程度のコストを生むかはいつ離職するかによるが、まもなく算定されるであろう。そして勿論離職は最後にやってくるのじゃ。

――〔アリス〕　でも、もし彼女たちが離職をしないなら？

――〔クイーン〕　それは一層良いことじゃ。

――〔アリス〕　もちろんそれは一層良いことだわ。けど、彼女たちが罰せられるのは一層よいこととはいえないわ。

――〔クイーン〕　そなたはともかく間違っておる。そなたは罰を受けたことはあるかの？

――〔アリス〕　悪いことをしたときにはね。

――〔クイーン〕　そらごらん、罰は良いことなのじゃ。

つい最近発表された東京医大の受験の件でも、女性は離職する率が高いという理由で罰を受けているわけです。大学は受験の段階で「女性はいずれ辞めるから」という理由で割合を制限したわけです。これはまったく同じようなロジックで、当然差別のロジックですが、やはりこういう理不尽が罷り通っている現実が日本にあることを再確認しました[9]。

最後に、現在日本で気になることとして、「空気を読むこと」や「忖度」は、なぜリベラルアーツの哲学と正反対なのか、その理由をお話しします。

クリティカル・シンキングやアナリシスやエシックスのお話をしましたが、まず第一に空気を読んだり、忖度したりしていると、批判的思考が育たず、イノベーションが生まれにくいことがあります。結局人々の多様な経験や知識、考え（ダイバーシティ）を生かせない、これが一つです。イノベーションは、既存の価値に挑戦することから始まるわけですから、それも生まれません。皆が空気に合わせていたら、トップ、あるいは多数派の考えが誤っていたら、皆誤ります。個々人は組織に適応して人に合わせますから、自分が批判されたりすることは少なくなるでしょう。しかし、組織全体では、多様な情報や経験を活用できず不確定性の大きい社会に適応できなくなってしまう、これが現在の日本企業の状態ではないかと考えます。

次に、意思決定の経路依存が起きます。最初に誰が言ったのか、偉い人が何を言ったのか、に合わせていくと、合理的な判断ができずに、最初の意見に依存した結論が生まれてしまいます。

次に、同調（空気に合わせる）と協力の違いがわからなくなります。日本人は反対されると、つまり、非同調だと非協力と考えやすいのですが、協力とは、皆が協同で一つの目的に対して情報を出し合って協力することであって、同調しないことではまったくないわけです。それがわからなくなってしまいます。協力は有益・必須、同調は有害・無用です。

次に、批判に慣れないために、建設的な批判、つまり、これはこうして改善した方が良いのではないかという批判と、おまえは駄目といった非建設的な批判の区別ができなくなり、建設的な批判を生かせなくなります。当然、自律的な倫理観も育ちません。

リベラルアーツ教育では、これらのことをすべて育て、日本でいう「忖度」や「空気を読むこと」からは生まれないものを生み出すわけです。ところがなぜか日本では「空気を読む」、「忖度」がどんどん蔓延してきている。リベラルアーツ教育を軽視する風潮がある。そのため日本社会や日本人の活力が非常に失われてきているのではないかと私は考えています。

以上です。ご清聴ありがとうございました。

注

(1) 外務省調べ。二〇一四年以降は前年十二月末現在の数値。対象は国際連合事務局（UN）、国連開発計画（UNDP）、国連人口基金（UNFPA）をはじめ計三五機関。二〇一五年は、専門職以上七六六名のうち女性は四六三名（六〇・四パーセント）、幹部職員は七二名のうち女性は三一名（四三・一パーセント）。

(2) 山口氏は、大学が行うべき教育とは、若者を「より自由にする学問、より深く考える力をつける学問」であり、それが「現代社会におけるリベラルアーツ教育」であると主張された（山口 二〇一六b）。

（3）　社会人や現役の学部生・院生に対し、経営関係、ＩＴ、遺伝子工学などさまざまな分野に重点を置いたコース・プログラムが提供されている。二〇一八年秋に九コースだったリベラルアーツ修士課程（ＭＬＡ）に新プログラム Ethics and Leadership Concentration が加わった。

（4）　一八八八―一九四一。哲学者。ドイツ、フランスに留学し、ハイデッカーやベルクソンに師事。帰国後、『「いき」の構造』（一九三〇）で、日本人、日本文化に特有なものとして「いき」（粋）という概念を据え、「媚態」・「意気地」・「諦め」の三種の特徴からその構造を分析することから、日本文化の本質を論じた。

（5）　一九二六年生まれ。社会人類学者。専門はインド・チベット・日本の社会組織研究。女性で初めて東京大学助教授となる。のち、同大学教授、ロンドン大学客員講師、東洋文化研究所所長などを歴任。『未開の顔・文明の顔』（一九五九）で毎日出版文化賞。『タテ社会の人間関係』（一九六七）で、日本社会の人間関係が「タテ」の関係や「場」を重んじ、「ウチ」と「ソト」を意識する傾向が強いことを論じた。英訳本の題は *Japanese Society*。

（6）　一九二〇―二〇〇九。精神科医、評論家。『「甘え」の構造』（一九七一）で、日本人の心性の特徴として「甘え」という幼児的依存性が認められることを論じた。

（7）　二〇一六年三月七日にシカゴ大学のシリーズ講演会「ナジタ・レクチャー」（Najita Distinguished Lecture）として開かれた講演会「いのちと人間ではどちらが大切か？」（*Life or Person: Which is More Important?*）。

（8）　管理職の女性割合が一〇パーセント未満、あるいは女性管理職がいない企業の人事担当者に「女性の管理職が少ないか、あるいはまったくいない理由」を尋ねたアンケート調査（複数回答可）。「現時点では、必要な知識や経験、判断力を有する女性がいない」という理由を挙げた企業は五四・二パーセント、「将来管理職に就く可能性のある女性はいるが、現在管理職に就くための在籍年数などの条件を満たしている者はいない」を挙げた企業は二二・二パーセント、「勤続年数が短く、管理職になるまでに退職する」を挙げた企業は一九・六パーセント（いずれも二〇一一年の調査結果）。

（9）二〇一八年八月、東京医科大学が医学部医学科入試に際して、女性受験者の得点を一律に減点し、合格者の男女比率を操作していたことが発覚した。山口氏は、ＯＥＣＤ諸国における医師の中での女性割合や資格者中の医師就業率などに基づいて、本件の女性割合の調整は憲法違反・教育基本法違反であるとした（山口　二〇一八）。

第十三章　若いあなたにとってリーダーシップとは

——パネルディスカッション（2）

講師：北村節子

皆さん、こんにちは。ただいまご紹介いただきました当大学の卒業生の北村と申します。

リーダーシップは何かと聞かれて、これからどういうふうな生き方を女性がしたらいいかといったことを言えたらいいんですが、実は言えません。

私は一九七二年に社会人になりました。当時目にしてすごく心に残った書物があります。それはローマ・クラブ(1)が出した『成長の限界(2)』というレポートでした（Medous 1972）。ご存じの方もいるかな？　あまりに古過ぎるかな？　でも、それは私にとってはものすごく大きな衝撃でした。とてもダークな未来を語っていましたから。これから地球は資源が枯渇する、人口爆発で食糧難が来る、あらゆるところで混沌が起きる、と。それを読んで、私は、ああ、もう地球の将来は暗いんだ、私は子どもに責任を持てないのなら、子どもを持たなくてもいいやぐらいに思ったんですよ。

ところが、今は、「お願いだから産んでちょうだい」でしょう？　五〇年経つと、言説は変わり

写真 13-1　女性世界初の最高峰登頂
（1975 年 5 月 16 日）

女子登攀クラブ提供

ます。だったら、今こうやったら間違いないと言えることは、私には何もありません。むしろ、何が起きてもその中で適正な道を選ぶということこそが、ある種のリーダーシップではないかという気がしています。

そこで私は個人的な経験として得たことを話したいと思います。まずこの写真（写真13-1）をお示ししましょう。

この写真をご覧になったことあります？（来場者の反応に対して）ないんだ、最近の人は。これは一九七五年に、日本の登山家の田部井淳子[3]さんが、女性で世界で初めて最高峰エベレスト八八四八メートルのピークに立ったときの写真です。実は私はこのときの一五人の女性隊員[4]の一人でありました。それは、私にとっては、今思えばリベラルアーツの学習であったわけです。

グランドツアーという言葉をご存じでしょうか。最近は「ななつ星」で行くような豪華な旅をいうようですが、もともとは一七世紀ぐらいにイギリスの上流階級の師弟が世の中を知るために、数ヵ月から数年にわたって、大陸、とくにその頃におしゃれで先進国といわれていたフランスやイタリアをまわることを意味したんです。だいたい従卒と家庭教師が付いていって、そこで起きている事柄を説明し、体験させる。お金もかかった、時間もかかった。でも、将来アッパークラスの指導者になるんだから、このくらいのことは知っておかなくちゃという基礎教育だったわけです。

その機会に山登りもしたんでしょうね。ヨーロッパ・アルプスには三九のビッグサミット（主要峰）があるわけですが、そのうちの三五はイギリスのそういう人たちが初登の栄誉を所有しているわけです。つまり、登山もリベラルアーツといいますか、グランドツアーの一環になっていたわけです。

私は、一九七二年に新聞社に入りました。これは七回目の「リーダーシップ論」の会[5]でも申し上げましたが、数的には非常に稀な例でした。すごく言いにくいですが、当時受けたのが三五〇人で、一人が入りました。私に言わせれば、最後の五〇人なんて、私より力のある人がたくさんいたと思いますよ。これは当時の女性の就業機会の少なさを語る単なるデータと理解しておいてください。初めて男性ばかりの社会に入っていって、気がついたことがすごくたくさんありました。

まず、同期生はみんな支局に行きます。私がショックだったのは、「私はどこの支局でしょうか？」と聞いたら、「女を支局に出す馬鹿がいるか」と言われたの。人事部次長のSですよ（会場笑）。今でも忘れない。それで、新人社員研修があって富士山麓の青少年の家に行くと、部屋のわりふりがあって「君らは何号室、何号室。あ、北村、いたのか」と言われて、「いますよ」と答えて、「私の部屋は？」と聞くと、「ああ、忘れてた」と言われて。結局そのときに修学旅行で来ていた高校生の女子部屋に入れられて、高校生から「お姉さん、何してる人？」とか言われて、どうしたらいいんだろうと思いました。そういう具合の扱いを受けました。

しかし、稀であることは貴重でもあるということで、会社にはこいつを潰してはいけないという気持ちもあるわけね。でも、女性を指導することのノウハウのない社会だから、甘やかしにもかかるわけです。しごきにもかかるわけです。私は本当にどういうビヘイビア（振る舞い）をとっていいかわからない時期がありました。

だんだん年とともに図々しくなって、それはさっき白波瀬先生が女性は「私はそんな器ではない」とヘジテイト（躊躇）することが多いとおっしゃっていて、本当にそうなんですが、ある程度、場に置かれると、環境は人間を作ります。女子も、「男ばっかりのところなんて～」などと言ってないで、入っていけば、それなりに打たれ強くなるし、時々ジャブも出せるようになる。だから、あまりに完璧に第一歩からそこでの住人になろうというよりは、まず、たとえば男子が女子の世界に入ってくることも同じですが、私は「なるようになるさ」という第一歩は必要だと思うんですね。

さて、入社一年目くらいに私は小さな外電記事を見つけて、それは一九七五年のエベレストに日本の女子隊が選抜されたというニュースだったんです。(6) 今はエベレストはお金さえ出せば、ある程度は行ける山になっていますが、当時は年に二隊しか入れてもらえませんでした。ネパール政府の許可を得るために、各国の登山隊が長蛇の列を作って順番を待っているわけです。それが日本の女子隊に許可が降りたという小さい外電記事を見て、私も冬山やっていましたから、即インタビューに行って、その三日後ですよ。「私を山に連れてって」と女子隊の幹部に志願しました。軽薄もいいところですよね。

そのときにびっくりしたのは、「どこの馬の骨ともわからない、ちゃんとした冬山の縦走経験もないのを連れて行くの？」という古手のメンバーの中で、のちに登頂者となった田部井淳子さんが、「あれは連れて行こう」と言って決めてくれたの。(7) なぜだろう。今もってわかんないんだけど、でも私もそのとき、田部井淳子さんに、一発ですごく惹かれたのね。

それは、声です。登山の準備段階で接したわけですけれども、彼女は登攀リーダーとしてすごく綿密な準備をしてくる。ミーティングの会場で語尾までしっかり言う、明るい声で。「○○ですよね」っていう感じで言うんですよよ。それは断言じゃなくて、「ですよね」というふうに同意を求めることでもあって、その声の調子は、すごく人間を語るんだな。この人はその声に該当するだけの力を持っているという印象をすぐ強く持ちました。

もともと登山の世界は体力勝負ですから、力の強い男子が女子を支配するという状態はありました。それは親切であったり、強圧的であったり、と、いろいろな形ではありましたが。そんな中、本気で山をやっている人は、女子だけでやって本当の満足を味わいたいという気持ちがすごく強かった。それが、社会部で、まわりはおっさんと兄ちゃんばっかりっていう中にいる私の気持ちとすごくシンクロしたの。もちろん山に行きたい、知らない世界を見たいというのもありました。

国内準備を始めます（写真13-2）。私は遅い参加でしたけれども、それでも一年半ぐらいこれに従事いたしました。女ばかりでいろいろ決めていくということを、そこで経験するわけです。

写真 13-2　谷川岳で遠征準備の訓練をする隊員候補者（1974年秋）

北村節子氏撮影

さて、いよいよ現場です。みんな一騎当千で、これは難所といわれるアイスフォール[8]を越えているところなんですが（写真13-3）、実は向こうではシェルパ[9]といわれる高所ガイドを雇うんですよ。もちろん現地の男性です。そこに行き着くまでに二五〇キロにわたってキャラバン[10]をやるわけ。そのときに雇ったポーターの数が五七〇人。

そうすると、私は社会人になってまだ三年目ぐらいのときに、いきなり使用者側になるわけですね。五七〇人の、英語ももちろんしゃべれない、文字も読めないような人たちを相手に、この荷物を運んで、こうやってああやって、というのをやるわけです。これはリーダーシップというよりは、奴隷使いみたいな気がして、自分でもすごくとまどったんだけど、そういう経験をするわけです。しかし、協力してもらわなくちゃいけない。

キャラバンの核心部では、雪線[11]を越えるときがあるんだけど、私たちが支給した安いズック靴、それさえ懐に入れて裸足で歩く人がいました。あとで換金するためです。当時ネパールは、今でも

写真 13-3　エベレスト・アイスフォールを突破（1975年）

読売新聞社提供

そうかもしれない、世界最貧国の一つです。三〇キロの荷物を背負って、一日歩くという作業に女も来ます。前にも荷物を抱えているから、「何それ？」ってのぞき込むと、生まれたての赤ちゃんだったりするわけよ。

つまり、英国の貴族の子弟たちがイタリアやフランスに行ったのとは全然別の形で、途上国に行ってその現状をつぶさに見るということが、私にとってのグランドツアーになったわけです。

シェルパとの関係についても考えさせられました。登攀活動に入るとシェルパの協力なしでは動けないんですけれども、隊員中に一人異を唱えた人がいるわけ。「女だけでやろうって言ったのに、シェルパ使うわけ？」と。議論になりましたが、現実には彼らの力は必要です。リードするということは、何もかもを自分が背負うということではなくて、いかに合理的に説得して動いてもらうことであるかということなんだ、というのを、私はここで学ぶわけです。

なおかつ隊の中でもリーダーは本隊長と登攀隊長がいるわけですが、本隊長はベースキャンプ(12)で、ウォーキートーキー(13)で、ああせえ、こうせえ、言うわけですね。登攀隊長だった田部井さんは最前線に立って、自分で汗をかきながら現場報告をして、隊長の許可を求めていく。こういう場合、見ていると最終的には「現場にいる人間は現場で先頭に立つ人の言うことを聞く」んですね。その人の言うことがとても反合理的でない限り。そういうリーダーシップのありどころも実感しました。

じゃあ、隊長は何のためにいるのかといったら、何か起きたときに謝るためですよ。隊長っていうのはそういうもの。そういう人がいるから最先端の人たちも思いきったことができるという、そういう「権威の分担」があるわけですね。

シェルパとのやりとりの中でも、へえーと思ったのは、シェルパというのは歴史的には英国人の登山者が育ててきたわけです。自分たちが山に登るときに、地元のこの人たちに手伝ってもらう。そのカスタム（慣習）が残っているところに私たちが行くと、私がテントから出るのに靴を履こうとすると、ささっと駈けてきて、「さあ、どうぞ、靴をお履きください。私めが紐を締めます」と言う。これは恐らくイギリスの階級社会がここに持ち込まれた結果なんでしょう。

私たちは、「いやいや、とんでもない、これは自分のことだから自分でしますよ」と言う。これは日本人的発想。だけど、私はそこで思いました。年上の男が年下の女にかしずく、ということは日本では絶対考えられない。カルチャーが違うと。私たちが国内で持っているリーダーシップであるとか、権力であるとかいったものは、ご破算になって、そして、彼らが持っているパワー論みたいなものが生じてきて、これはもう男と女というカードを超えるなっていう気がしました。つまり、金で雇う、雇われる、という力関係。

女子隊の行った当時は日本は高度成長期で、勢いがあったわけですから、こっちの方にも「日本は先進国だ」みたいな気分はあるわけですよね。彼らは、俺たちはいつまでも貧しいシェルパだみたいなのがあって、そういう力関係が効いてくる。せめてスレイブドライバー（奴隷使い）みたいにはならないぞっていうふうに、われわれは注意して行動するんですが、それが案外むずかしい。他の日本隊の男子の話を聞いたら、そんなのは使えばいいんだよみたいな格好もあって、やっぱり女性は権威は持ててもパワーをフルに出すことには躊躇がある。だから、権威とパワーは違うんだということも、ここでは学びました。

一九七五年五月一六日に登頂成功。女性初。たまたま国際婦人年だったので、大きなニュースになりました。つまり、エベレストの登頂の歴史の中でも、かなり早い段階でわれわれはこれをやったわけで、今にして思えば、一五人の女でようやったなという気がします。

私は、最初は「二等兵以下」だったんですけど、クラブ内で「特進」を重ねまして、田部井さんとあちこち行くようになりました。これは一九七九年の段階で、エベレストに登っていた最初の三人の女です（写真13-4）。三人がフランスでインタビューを受けたとき、私も行っちゃって撮った写真です(14)。

写真 13-4　仏・シャモニで　この時までにエベレストに登頂した女性３人、左からパンドゥ（中国）、田部井、ヴァンダ・ルトキエヴィチ（ポーランド）

北村節子氏撮影

実は中国人の方は私たちと同じ年に十一日後に中国側から登ったんですよ。[15] 僅差でした。この人は、「あなたはなぜ登りましたか？」というインタビューに、「国家の名誉のために」と答えました。右にいるのはポーランドの人で、ヴァンダ・ルトキエヴィチ[16]という大変高名なクライマー（登山家）です。この人は三番目に登りました。この人は、「あなたはなぜ登りましたか？」と聞かれて、「女性の名誉のために」と答えました。

そして、田部井さんは、「個人個人の満足のために」と答えました。それが一番正直だったと私は思うの。なんとかのためにというのは、初めからのモチベーションになることもよくあるし、後知恵として美しく語られることもある。中国の国家のためにというのはミッションだったから、そのとおりだと思うんだけども、こうやって遊びの

写真 13-5　ニューギニア西部（1992 年）

北村節子氏撮影

世界でも、ある種の一つの権威づけができてくるわけですね。

これは、その後、いかに私が田部井さんとあちこちで遊んでたか。すごいでしょ。これ（写真13-5）はニューギニアの山奥なんですが、こういったところに私と田部井さんは二人で出かけていきました。カルステンツ・ピラミッド[17]というほとんど西洋人が入ってない山に行ったりするわけですが、これは非常に面白いアドベンチャーであると同時に、全くの異文化の世界に入ることですから、自分たちのビヘイビアと、現地の人のビヘイビア、現地の人たちが何を強いと思っているか、この人の言うことを聞くべきかどうかというのは、私たちが日本の社会の中で、男の顔色を見ながら、こいつは聞いておこうかなとか考えるのとは全然違うノウハウで動いているわけです。

これは、一九九五年に当時エベレストに登った

写真 13-6　エベレスト登頂に成功した女性たち（1995年）

北村節子氏撮影

女性を世界から集めたときの写真です[18]（写真13-6）。

私たちはこういうイベントもやったんです。イベントを開催するということや、登山の準備をすることは大変なことで、一九七〇～八〇年代の最初の準備の頃なんて、メールがなくて、テレックス[19]を打つ。たとえば、普通だったらフランスの酸素ボンベの会社に軽量の医療用のものを船便で日本に送ってもらって、そこからまた北京かどこか目的の山のある国の首都に送るところを、私は読売でKDD[20]の隣のビルにいたから、KDDに行ってテレックスの打ち方を教わって、フランスの医療器具メーカーに酸素ボンべ何本を北京にいついつまでに送れとか、その為替はこうだみたいな、それまで全然ご縁のなかったことをせざるをえなかったけれど、すごくエキサイティングでした。私はこうした企画や準備、段取り作業で人生の幅が広がったと思っています。

これは田部井さんと二人で合わせて百歳になった

写真 13-7　田部井、北村　合わせて 100 歳記念にアイガー登頂

田部井淳子基金提供

のを記念して、アイガー[21]に登った写真（写真13-7）なんですが、シーツに一〇一歳と書いてあるのは、私の夏休みの都合で、私の誕生日過ぎになったので、二人のトータルは一〇一歳になりました。こうやって遊んできました。

　こんな経験を元にして、職場のリーダーシップを考えてみましょう。これは前の「リーダーシップ論」でもお話ししたんですけれども、女の人が年を取って職場にい続けるときに、潮目が変わります。四〇歳ぐらいまでは、「さすが若いねえ、発想が斬新だね、女性の多様性ってやつだね」っていうアプリシエーション（評価）が高いです。私も、「ありがとうございます」なんてやっていればいいわけですよね。

　ところが、四〇歳を過ぎてくると、「おばさんなあ、生産性低いよな」、ぐらいのことをかげで言いますから、本当。新聞社は口が悪いというのもあり

ますが、それまでと同じことをやっていても、そう思う人は増えてきます。その頃は、恐らく男性もいろいろ振り分けの時期に入ってきて、自分はラインに乗れるかどうかみたいな心配もある。そのときに横に女がいて、同じように仕事をしている。ここでラインに乗るのは本来おれの仕事だろうみたいな感じがあって、たまたま女子がいると、多分私の時代には目障りだったと思います。

四〇歳代をどうにかしのぐときに、私の後輩を見ていて二つのパターンがあると思いました。ビシビシ仕事して、「女だからなんだっていうのよ」というタイプと、とくに若い人、後輩に向かって、「うんうん、いいわよ、いいわよ、じゃあ、私に任せて」みたいなお母さんタイプになる人です。それはその人の人柄とか戦略の分け方なんだけれども、それで伸びる人と失敗する人はいます。ガリガリだから駄目、ニコニコだから駄目、あるいはその逆もあります。

そして、五〇歳になると、私は日本社会独特の力学を思い知るんだけど、男女カードより年齢カードが強くなる。五〇歳を過ぎたら怖くないです。もちろんそれは終身系の企業にいた場合の話で、非正規だったら、「五〇歳過ぎてなんだよ」みたいなことがあるかもしれませんが、終身雇用でいた場合には、「私はね、あんたより長くここで飯食ってんだよ」みたいな態度が許される世界に入ってしまいます。そうすると逆に、今度は、「あんた、これ変じゃない？」って言ってくれる人はなかなかいないから、おばさんは停滞します。おじさんも同じですけど。一生懸命やる人は伸びます。その違いも私は見てきました。

それから、これは大事なことです。ここにはお若い方もいますが、二〇〜三〇代は、子育てをどうしようか、をやはり考えるでしょう。生物学的に子産み、子育ての最盛期と、それから仕事の中でもいろいろ覚えて、ガリガリやっていく時代というのは重なっているので、そのとき休むのはどうしたもんかと考える人がいる。あるいは、さっき何回か白波瀬先生のお話にも山口先生のお話にも出てきましたけれども、母親であることで仕事をすることを躊躇する人が日本は多いとありました。パターンが韓国と似てましたよね。

私は、これは儒教のせいじゃないかと思ってるんです。母は尊しという気持ちがある。そうすると、母は尊いのに子どもを放っておいて外に出ていいのかという自責の念が、日本の女の人にすごく強く作用してしまう。しばしば、「ごめんね、お母さん留守をしていて」という態度をとりがち。しかし、私がパートタイマーであるとか派遣業者の女の人をねちっこく取材したときの感じでは、問題があるのは「私はこんなくだらない仕事をして大事な子育てから手を抜いていて、アイムソーリー」という気持ちを持っている家庭の方です。

逆に、「お母さん、こういう仕事してんの、楽しくって」と前向きに考えて、語って、子どもを協力者にしてしまった家庭は強いです。子どもを、「お母ちゃん、おれのこと放っておくんだよ」というのではなくて、「いや、うちの母ちゃん、格好いいんだ」というふうな心理状態に持っていった家庭は強いです。

そして、しばしばいわれる、小さい子どもを育てるのは、すごく大変だということ。それはそうですが、もう一つの山が来ます。さっき四〇歳代の女は大変だと言いましたけれども、子どもの思春期です。今、思春期の子どもの扱いは、何かあると親のせいだといわれる。それから、お受験できないとか、「あそこは、お父さん、お母さんはエリートかもしれないけれども、子どもは公立中学に行ってるのよ」みたいな形になったりする。「それのどこが悪いか」と私は言いたいんですけれども。そういう具合に、実は高学歴家庭の子育てのハードルはある意味どんどん高くなってきているわけですね。その結果、高学歴家庭の子どもは高学歴に進むという格差も出てくる。

ピケティ(22)が、二、三年前に大ブームになりましたけれども、いろんなポテンシャルの資産性は相続されて、しかもそれが増幅されていくということがいわれているわけです。私は、そうでない部分もあるとは思いますけれども、たしかにその傾向は日本でもあって、それが若者の経済格差につながり、二〇三五年に男性の生涯未婚率は三割ぐらいになる見込みです。女性も二割ぐらいになるんですね。若い人たちは今までどおりのほどよい年齢で結婚して、子どもを二人ぐらい持って、老後を迎えるというのではないパターンの生涯を送る可能性が高くなってきています。

それから、そうでないにしても、私たちの母とか祖母が持っていた人生、大体六〇歳、七〇歳ぐらいでこういう変化をするのよねというふうな見本はモデルにはなりません。人生百年の時代といわれるようになり、実は私たちは七〇歳以降のモデルを持たない時代を生きているわけです。つまり、私たちはオリジナルで長い老後を作っていかなきゃいけない。一方、全体から見ると、子どもの数は少なくなっているから、人口構成がキノコみたいに頭でっかちになっていく。とくに私など団塊世代だから、その最先端で、キノコの傘の部分としておばあさんになるという宿命があるわけですね。

そういう中で、女性が多様性を考えて仕事をすること、硬直化した日本の男性社会をフレキシブルに変えていくことは、すごく重要なことです。それは何のためにかといったら、決して自分が出世するためではなくて、社会に新しい人生ラインを整えるため、娘であるとか、妹であるとか、そういう若い女性のためなんだと私は思うんですよ。「こういう生き方があるよ」って言って、新しい生き方をクリエイトするということです。

当然、娘や妹ということは、その配偶する男性のことも考える。男性たちは今まで直球一直線で来て、なかなか変えようがないところがある。そこへいくと、産業社会への新規参入者であるわれわれ女性は、新しい目を持って入っていけるのであって、私は、広い意味で女性のリーダーシップを発揮する目的は、やっぱり次世代の女性、男性もそうですけど、とくに女性のための人生モデルみたいなものを作ることではないかと、そんなふうに思っています。

冒頭でお話ししたように、五〇年後は本当にわからない。たとえばこの暑さ。気候変動だって、日本がどうなっていくか、わからないですよ。ローマ・クラブの警告はもしかしたら五〇年遅れてやってくるかもしれない。そういうことを考えると、いろんな危機に面して、皆さんは、SF社会の波頭に立っているような人だと思うの。とくに今の若い女性は、そういうことで言うならパイオニアなわけで、とくに頑張っていただきたいというのが、私の非常に雑駁な経験から来たメッセージです。どうも失礼いたしました。

注

（1）Club of Rome 公害問題や人口問題など人類の危機に取り組む民間団体。一九六八年発足、一九七〇年正式設立。科学者、経済学者、教育者、経営者などの学識者で構成。
（2）ローマ・クラブの第一回報告書。人口増加や環境汚染が進めば、人類の成長はないと警鐘を鳴らした。
（3）一九三九—二〇一六。一九六九年に女子登攀クラブ結成。一九七五年五月一六日に世界で初めて女性としてエベレスト登頂に成功。一九九二年、女性初の七大陸最高峰登頂者となる。
（4）久野英子（隊長）、田部井淳子（副隊長兼登攀隊長）、真仁田美智子、那須文枝、渡辺百合子、平島照代、三原洋子、中幸子、種谷由美、塩浦玲子、永沼雅子、荒山文子、北村節子、藤原すみ子（以上隊員）、阪口昌子（ドクター）の一五名。この一五名はスポーツ功労者として表彰され、山岳界では初となる日本スポーツ賞を受賞した。
（5）本書第Ⅰ部第七章参照。
（6）『読売新聞』の一九七二年七月二七日朝刊一一面に「日本女子隊に登山許可　75年春、エベレスト挑戦」の見出しで、カトマンズ発、ロイター＝共同通信による記事が掲載された。ネパール外務省が一九七五年のエベレスト登山の許可を出したのは、「エベレスト日本女子登山隊」（春）とカナダ隊（秋）の二隊。
（7）北村氏の入隊希望に関して、田部井（一九九七）では、「隊員候補生は多い方がいいし、マ、イイカと思った」と記されているが、現場では、「氷河の上なんて歩くのははじめてというこの北村隊員が、歯痛で悩みながらもよく頑張り、終始荷上げとC1管理を守り抜いてくれた」（田部井　一九八二）と功績がたたえられている。「C1」とは第一キャンプのことで、このときには六一〇〇メートルの地点に設営された。また、先輩、後輩の序列を重視する登山の世界で、自身の意見を明確に言葉で伝える北村氏の姿勢が女子登山隊の体質を変えたとも述べられている（田部井　一九九七）。

（8）icefall 登山用語。氷河が崩落した地帯。氷の塊やクレバス（crevasse）と呼ばれる深い割れ目がある。氷瀑。「エベレスト日本女子登山隊」が登攀した際、ベースキャンプ（注12）と第一キャンプの間に、落差七〇〇メートル、最大幅一キロメートルのアイスフォールがあった。

（9）本来はネパールの少数民族のシェルパ族をさす言葉だが、ヒマラヤ登山隊の現地ガイドをさすようになった。「エベレスト日本女子登山隊」のシェルパ・リーダーはアンツェリン。

（10）caravan 登山用語。登山活動を開始する地点まで物資を運搬しながら集団で移動すること。

（11）年間の積雪量と融雪量が等しい地点を結んだ線。

（12）base camp 登山用語。登山活動の拠点となるキャンプ地。エベレストなどの高峰に登頂する際には、ベースキャンプに隊荷を集結し、そこからより高い位置に前進キャンプを設営し、さらに最終キャンプより登頂するという方法をとる。エベレストのベースキャンプは五三五〇メートルの高さに位置する。

（13）walkie-talkie 携帯型の双方向無線機。

（14）一九七九年夏、フランスのシャモニーで開かれた、フランス国立スキー登山学校主催の山岳フェスティバルで三人の初めての顔合わせが実現した。北村氏は「エベレスト3女性　会えば話は山仏・シャモニーで初顔合わせ」の見出しで、この時の模様を記事にした（北村　一九七九）。

（15）潘多（一九三九―二〇一四）。一九七五年五月二七日、中国登山協会チョモランマ登山隊の隊員として登頂。

（16）Wanda Rutkiewicz（1943-1992）. 一九七八年一〇月一六日、女性で三番目にエベレストに登頂。

(17)　インドネシアの最高峰。標高四八八四メートル。北村・田部井両氏は一九九二年に登攀。

(18)　エヴェレスト・ウィメンズ・サミット。一九九五年六月二四日、エベレスト女性初登頂二〇周年を記念して東京で開催。二〇年間でエベレスト登頂を成し遂げた女性三二名のうち、一〇名が七ヵ国から参加し、「エヴェレストの女性史」をテーマに話し合った。

(19)　文字情報を交換するネットワーク通信機器。ファクシミリ通信や電子メールが普及する前に、物流、商取引、ニュース配信、気象通報などの用途で活用された。

(20)　ＫＤＤＩの前身会社の一つ。国際電信電話株式会社。

(21)　スイス、ベルナーアルプスの一峰。標高三九七〇メートル。北村・田部井両氏は一九九五年夏に登攀。

(22)　Thomas Piketty (1971-). フランスの経済学者。パリ経済大学校教授。彼の格差論（Piketty 2013）は世界的ベストセラーになった。二〇一五年一月に来日し、シンポジウム「広がる不平等と日本のあした」（主催・朝日新聞社、在日フランス大使館／アンスティチュ・フランセ日本）などで講演。

第十四章　女性役員の「一皮むけた経験」にみるリーダー育成の条件

——パネルディスカッション（3）

講師：野村浩子

皆さん、こんにちは。今、ご紹介いただきました野村です。私はめったに人前で話すときに困ったり、緊張したりすることがないのですが、今日は久々に緊張しています。といいますのも、最初に白波瀬先生、山口先生の素晴らしいロジックと、それから北村さんの体験談を交えてのユーモアあふれるお話で、一体どうしたものかと困っているのですが、開き直って、自分の経験をもとにお話をしたいと思います。

まず、自己紹介をします。私は一九八四年、男女雇用機会均等法が施行される二年前に社会に出ました。私も北村さんと同様、何か活字にまつわる仕事をしたいと思ったのですが、北村さんと違って実力がなく、先ほどの（北村さんの新聞社入社試験のお話で出ました）三五〇人のうちの一人、落ちた方の一人です。大手の新聞社、出版社、全部落ちまして、社員五〇人ほどのベンチャー系の就職情報会社に拾ってもらって、新卒でそちらに入りました。でも挫折してすぐに辞めてしまって、二六歳のときに、日経ホーム出版社、今の日経BPに一年契約の編集スタッフとして再び拾ってもらって、それから七年ほど、今でいう非正規の形で、編集者、記者として働きました。

その後、幸い正社員にしていただき、『日経WOMAN』の副編集長、編集長を務めました。四〇歳代になって、日経新聞に修行のため出向してこいということで、日経新聞の編集委員などを務め、二〇一四年から大学で教員をしながらジャーナリストとしての活動も続けております。私の執筆・研究テーマは、『日経WOMAN』の編集を手がけ始めた九五年頃から、女性の活躍推進、ダイバーシティ推進です。今日はその流れの中でお話をしたいと思っております。

まず、これは先生方のお話でたくさん出てきたところなので簡単にお話ししますが、世界の中で女性の活躍推進がどのような状況にあるかというと、もうご存じのとおり、海外では、女性の首相、総裁がたくさんいらっしゃいます。とくに最近ですと、ニュージーランドの女性の首相が、首相になって三ヵ月で妊娠を発表して、つい先ごろ産休、育休を取って戻ったという話(1)を聞いて、ええ？　日本にそういう女性の首相が現れるのは一体何年後だろうと思いました。

これもまた日本でこうなるのは何年後だろうと思う例です。この六月に退任されましたが、「ビジネスヨーロッパ(2)」というヨーロッパの経団連のようなところの会長だったイタリア人のエンマ(3)さんという方がいます。彼女は四〇歳代後半で会長になり、五年ほど務められました。それを私が知ったとき、経団連の中西会長(4)が悪いわけではありませんが、経団連の会長に日本人の四〇歳代の女性が就くのは一体何年後になるだろうと考えると、ちょっと気が遠くなる思いがいたしました。

補足しますと、経団連は会長、副会長を合わせて一九人ですが、日経電子版に最近、この属性を分析した面白い記事がありました（西條　二〇一八）。もちろん全員男性。もちろんというところが残念ですが、一九人全員男性。最年少が六二歳で、全員転職歴ゼロ、全員サラリーマン社長というのが、今の経団連の会長、副会長の陣容です。

こちらは中央銀行の黒田総裁(5)です。こちらも二月に退任されましたアメリカのFRB(6)のイエレン(7)議長です（当日はスライドで写真を表示）。やはりこれも日本銀行の総裁が女性になるのはいつの時代になるのかなと思った次第です。

ということで、先ほど白波瀬先生からお話があったようなジェンダーのギャップランキングになっており、女性管理職の比率も大変寂しい状況です。ただ、白波瀬先生からもお話がありましたように、海外に取材に行くと、安倍首相が音頭を取って、日本はずいぶん女性活躍推進を頑張っているそうじゃないか、本当のところどうなんだということを、よく聞かれるんですね。非常に海外からも注目されています。

注目されていることもあって、昨年は二つ大きな世界女性サミットが東京で開かれました。その一つがグローバル・サミット・オブ・ウイメン(8)というもので、安倍首相が出席されました。大体こうした大きな女性関連のイベントには、最近もれなく安倍さんがいらっしゃいます。

グローバル・サミット・オブ・ウイメンは、二〇〇〇年に代表のフィリピン系アメリカ人のアイリーン・ナティビダット(9)さんが始めたものです。一昨年はワルシャワ、昨年は東京、今年はシドニーというように、世界五大陸を毎年移りながら開かれます。企業の役員や起業家、非営利団体の代表など、女性のリーダーたちが集うというものです。昨年東京で開かれたときにも、アジア、アフリカなど各国から約一三〇〇人が参加し、さまざまな世界共通の課題を議論しました。

国際会議に出られたことがある方はご存じかと思いますが、セッションの後「何か質問ありますか、ある方はスタンドマイクの前に来てください」という呼びかけがありますが、そうすると必ず日本人の女子学生がダーッと走っていって、英語できちんと的を射た質問をすることに、非常に私は感心いたしまして、日本も少しずついい方向に変化してきていると思った次第です。

このサミットの代表、アイリーン・ナティビダットさんに、二〇〇〇年から一七年経って、今なお残る世界の共通の課題は何かと聞いたところ、彼女は三つ挙げました。女性に対する差別意識、男女の賃金格差、生活と仕事の統合、が今なお残る世界共通の課題であると分析をしていました。

今日のお話の中心は、女性役員の「一皮むけた経験[10]」というテーマで、今、『日経ビジネスオンライン』で連載をしていますので[11]、その取材のデータをもとに、女性リーダーが誕生するまでということでお話をしたいと思います。この連載の趣旨は、今、女性の役員を増やそうという機運の中で、次々新しいリーダーが登場していますが、彼女たちのキャリア形成のポイントを探るということ、もう一つはどんな職場環境を整えれば、女性の管理職、役員が育っていくのかを探ることにあります。

数人ご紹介したいと思います。まずお一人目がみずほ証券の初の生え抜き女性役員の絹川幸恵さ

図 14-1　みずほ証券　執行役員名古屋支店長　絹川幸恵氏のキャリアチャート

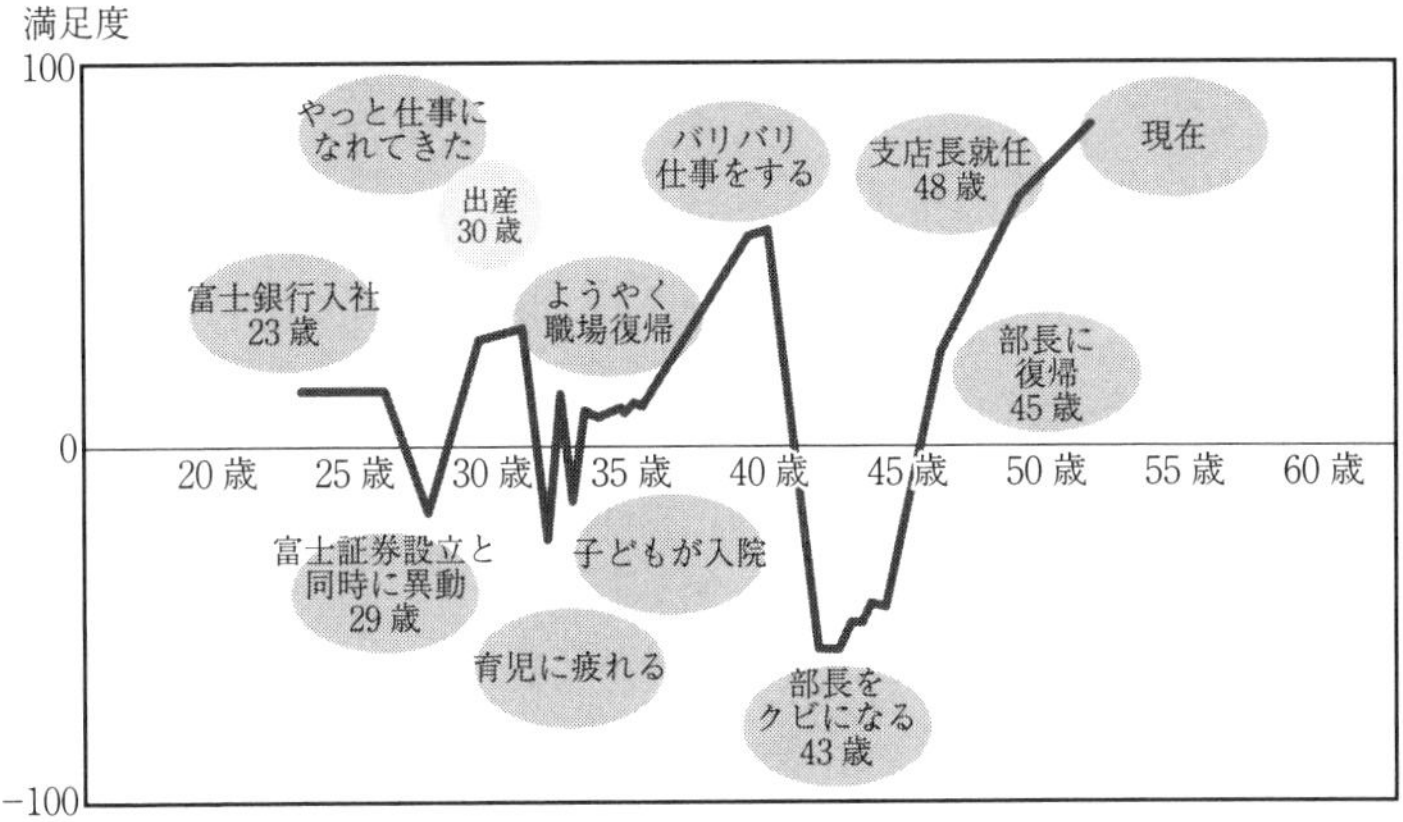

出典）『日経ビジネスオンライン』2018年3月29日掲載

んです（図14-1）。八六年の均等法が施行されて間もなく総合職として会社に入られた方たちを均等法世代といいますが、その均等法世代から、ここ数年生え抜きの女性執行役員が、次々に誕生しています。五三歳という年齢からも想像していただけるとおり、その中のお一人です。

それぞれの方に、「一皮むけた経験」は何ですかということを聞いていきました。絹川さんの場合、四つ挙げてくださいました。

一つは、腰掛け気分からの脱却です。絹川さんは役員にまでなられていますが、出産するまで、どこか頭の片隅に、子どもが生まれたら辞めてもいいかなという気持ちがあったということです。ところが三一歳のときに、それが吹き飛ぶような事件があって、お子さんが長期入院をして、仕事を辞めるかどうか、すごく考えたそうです。二つ目の「一皮むけた」経験として、お子さんが小学校三年生になるまで、子育ての両立がしやすい企画部にいたのですが、その後営業に異動して、また現場第一線でバリバリ働くようになった。三つ目が、これはもう一度後で説明しますが、部長をクビになった。それから、四つ目が自ら希望してリテール部門に手を挙げて、支店長になった。この四つを挙げてくださいました。

これらの意味合いについてもう少しお話ししたいと思います。まず一つ目の、保育園に預けたお子さんの長期入院、これが結構シリアスな出来事でした。メンタルを病んでしまった保育士さんによるケアが間違っていて、お子さんが一ヵ月半ぐらい入院することになります。そのときに田舎からお母さまに来ていただき、日中は病院で見てもらって、ご本人は夕方仕事が終わったら病院に駆けつけて、夜は病院に泊まり、早朝自宅にシャワーを浴びに帰って会社に行くという生活を続けたそうです。そのとき、お母さまから「仕事と子どもとどっちが大事なの」という問いを突き付けられます。母親世代ですと、そういう発想になりますよね。「会社を辞めなさい」と言われ、ご本人はすごく悩むことになります。そのときに、「いやいや、もしそういうことならば、ぼくが会社を辞めるという選択肢もあるね」と、よきパートナーである夫が言ってくれたそうです。そこで追い詰められつつも冷静になって、改めて自分が仕事をする意味は何だろうとすごく考えて、やはり仕事を続けたいという思いに至った。それが一つ目の「一皮むけた」経験になったということです。このあたりの経験は、女性ならではのキャリアの転機かと思います。

二つ目は、子育てとの両立がしやすい企画系の部門からの異動です。子育て中の女性社員が両立しやすい部門に配属されたまま異動がないというのはよくある話で、これが企業でいま問題にもなっています。絹川さんはあるとき上司である常務取締役から呼び出されて「君はそろそろ営業に戻ったらどうか。このまま企画部門にいたら成長できないのではないか。ついては部長に抜擢するから」というお話をいただいて、営業に復帰したそうです。これは分析してみるに、子育て中だから両立しやすい企画部門にいたほうがいいだろうという、いわば無用な配慮を上司がもう一度見直してくれて、いわゆるコンフォートゾーン(12)から抜け出す後押しをしてくれたということかと思います。

三つ目は、部長をクビになった経験です。三九歳の若さで部長に抜擢されて経験を積んでいたのですが、あるとき自分では問題ないと思っていたことがトラブルになり、部長として責任をとらざるをえなくなったのです。言ってみればクビになってしまったと。そのときにまわりからサーッと人が引いていったそうです。「私のことが好きで寄ってきたわけではなかったんだ」と気付く。これで私のキャリアは終わったと、失意のどん底に落ちることになります。その修羅場経験で胆力が付いたといいます。

二年後、部長に復帰します。その後、新光証券とみずほ証券が合併したのですが、合併先のリテール部門に手を挙げて異動し、新たな分野に自ら挑戦したということです。なぜここで挑戦をしたかというと、ご本人いわく、営業というのは非常に数字で評価されやすい部門である。だから、実績を上げれば男女関係なく評価される、なおかつ、女性の管理職だったら目立つので、なおさら評価されやすい。そこで、あえて打って出るというか、勝負に出たのです。そして見事、結果を出したということです。

絹川さんのキャリアから読み取れることは何でしょう。一つ目の経験をみると、性別役割分業意識から解放されている非常にいいパートナーがいた。もしそうでなければ、ここで会社を辞めている人もたくさんいただろうということですね。二つ目が、子育て中だといっても、常に成長させなければと見守ってくれる上司の存在があったこと。三つ目が、部長をクビになるのは大変だと思いますが、敗者復活の人事があったということ。四つ目は、自分から勝負に出る、そういう挑戦をしたということ。このあたりがキャリアを築く上でポイントになったと思います。

女性役員の連載では、皆さんにリーダーとしての信条や座右の銘も聞いています。絹川さんは今、名古屋支店長という要職に就いています。部下に対しては、営業部門で勝ちに行くことの意味、ゲームのルール、それから、この仕事は社会においてどういう意義があるのか、あなたの仕事、私たちの仕事が、どのように社会にインパクトを与えるのかということを、言葉にして伝えるようにしているということでした。

もう一人、詳しくご紹介して、まとめとしたいと思います。パナソニックの執行役員の小川理子さんです（図14-2）。この方はいろいろなメディアで紹介されているので、インタビューなどをご覧になった方も多いかと思います。執行役員にして、プロのジャズ演奏家。CDも何枚も出しているので、プロの演奏家といっていいかと思います。そしてパナソニックでは五一歳のときに、一旦

図 14-2　パナソニック執行役員　小川理子氏のキャリアチャート

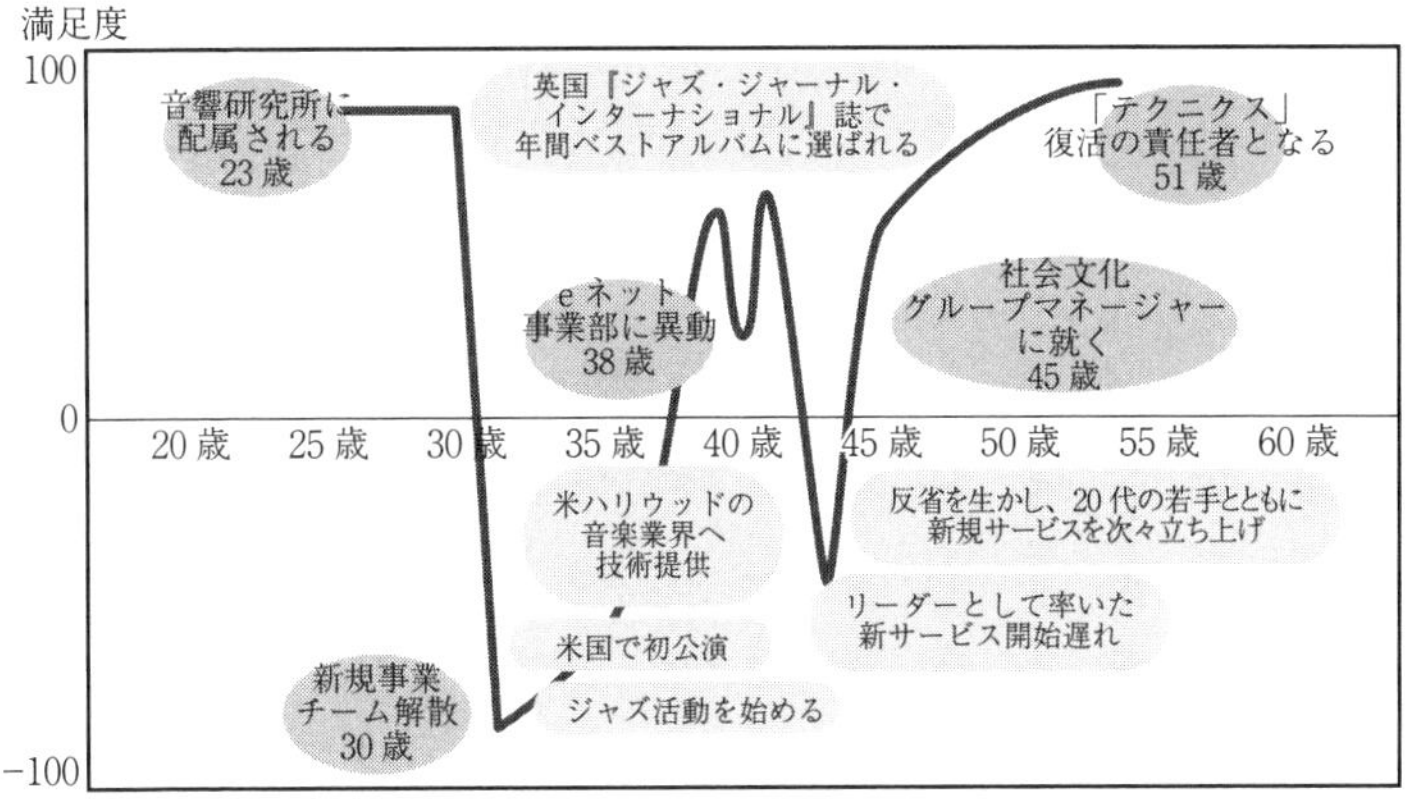

出典）『日経ビジネスオンライン』2018 年 6 月 4 日掲載

生産中止となっていたテクニクスという高級オーディオ機器を復活させる責任者に指名されたという方です。

小川さんにも、「一皮むけた」経験を自己申告してもらいました。小川さんは慶應義塾大学の理工学部を出た後、技術者としてパナソニックに入りました。入社間もなく配属された部署では、新規事業を立ち上げるという、大変わくわくするような仕事をして、寝食忘れて仕事に没頭していたということです。たとえば世界初の薄型の壁掛けスピーカーを開発して、それをウィーン国立音楽劇場に納品するといった、本当に最先端の仕事をされていました。ところが、三〇歳のときに、その新規事業チームが解散してしまい、どうしようか、会社を辞めようかと思うようになります。そのときに、ピアノの演奏を聴いた上司から、「ジャズ演奏を一緒にやらないか」と誘ってもらって、演奏を始めたそうです。そうこうしながら何とか気持ちの面でも立て直そうとしていたころ、あるとき先輩から「小川さん、君のやっていることは、仕事も音楽も両方中途半端だね」と言われて、また非常に落ち込んでしまって、どうしようと逡巡することになります。でも、そのときに、音楽を再生する技術開発者という本業と、音楽をゼロから生み出す演奏家という、その二つをもってシナジー効果を生み出していく、それは自分にしかない個性ではないかと思って、それを強みとしていこうと思ったそうです。

二つ目が、サービス立ち上げでの失敗経験です。新規開発プロジェクトが解散した後、オーディオの国際規格標準化を担当したのですが、オーディオ事業は縮小していき、私の仕事がなくなってしまいそうだという危機感にとらわれていたところ、ある先輩から、「今インターネットの新サービスを立ち上げるにあたり、音楽というコンテンツが分かる技術者がいなくて探しているよ。応募したらどう？」と教えてもらいます。そこで手を挙げて異動の希望を出して、大阪から東京に転勤して、その新サービスを手掛けるようになります。ものづくりというのは何年がかりという仕事ですけれども、インターネットのサービスはアイディアを出して、半年くらいで、どんどん立ち上げていく、そうした進め方に目からうろこだったそうです。その新事業の責任者として手掛けたサービスの開始が、なんと三週間遅れになってしまいます。プレスリリースを出して、この日から始めますと顧客に案内をしていたのに、それが始められない。連日電話がジャンジャンかかってきて、「申し訳ありません」と三週間謝り続けることになりました。プロセスのマネジメントができていなかったという失敗経験から、リーダーとして稚拙だったと痛感したそうです。

三つ目が、再び会社を辞めるか否かという葛藤です。インターネットビジネスは難しいなと思っていたころ、一方、演奏家としては評価が高まっていて、ある海外のプロデューサーから、プロの演奏家になってはどうかという誘いを受けたのです。いっそのこと本当に辞めてしまおうかと、またここで思い悩んだそうです。またここでも、ここまで自分が成長できたのは、やはり会社が場を与えてくれたからだと内省した結果、思いを定めて、本業と演奏家と二足のわらじを履き続けようと腹をくくったということです。

四つ目が、四〇歳代半ばでCSR部門に異動したことです。それまで、ものづくりを手掛けてきた、それからサービスを手掛けた、そして今度はCSR（corporate social responsibility 企業の社会的責任）といういわゆる企業のブランド価値の創造のような仕事を手掛けることになる。この三つのジャンルを経験することにより、視野が一気に広がったということです。CSRの部門では、たとえば世界の無電化地帯で太陽光で発電するソーラーランタン一〇万台プロジェクトを立ち上げました。ゼロから考え陣頭指揮をとるという経験もされました。これだけの経験を積んできたので、テクニクスのブランド再生の責任者にと言われたときは、これこそまさに私がやる仕事である、私の使命であると感じられたということです。

どのような職場環境がリーダーシップを育んだのかを、改めてまとめ直してみたいと思います。

まずは三〇歳までの、いわゆる初期キャリアといわれているところで、男女関係なく、面白い仕事をガッツリ任せてもらえた。だからこそ、その後、いろいろな挫折経験を経ても、やはり会社が自分を成長させてくれたから、ここで頑張ろうと思えたのでしょう。節目、節目で支えてくれる先輩や上司がいたということも大きいと思います。また社外の活動で自分にしかできない強みをつくってきた、最近でこそ副業解禁の動きは出ていますが、そういう動きが出るはるか前から意識して社外の活動で強みをつくってきた、そして会社もそれを応援してくれたのは先駆的であったと思います。そして新規プロジェクトで、失敗体験と成功体験、両方あるということも大きな財産となっています。

小川さんにも座右の銘を聞いたところ、「天然自然の理」という言葉がすぐに返ってきました。宇宙、自然には原理、真理がある。リーダーとして何か物事を決断するには、まわりに惑わされないで、そういう原理や真理を見定めて決断する必要があるという言葉で、これを大切にしているそうです。小川さんは坂本龍馬が好きだそうで、なんと高校時代には坂本龍馬のお墓まで行って、ラブレターをお墓に埋めてきたそうです。たいへんな行動力ですね。高校生の頃から変革型リーダーの芽があったのかなとも思います。

次にご紹介する方は、本田技研工業の執行役員の鈴木麻子さん。この方も均等法世代で、生え抜きの女性役員第一号です。鈴木さんの場合は、タイ、マレーシア、ベトナム、中国で通算一四年アジアに赴任したという、大変な経験を積んでいます。自ら手を挙げてアジアを担当したいと言ったそうです。高校時代にマザー・テレサさんがノーベル賞をもらったことに非常に感銘を受けて、大学時代からインドやバングラデシュにボランティア活動に行きました。現地でこう考えたそうです。発展途上国に、寄付とか施しではなくて、ビジネスを展開して得た利益を給与と納税と配当として現地の人に還元する、そうして富を循環させていく、それこそが持続可能なサポートではないかと。それができる企業をと思い、ホンダに入ったというのです。そのあたりの志からして筋金入りです。タイに赴任が決まった三四歳のときには結婚もされていたそうですけど、ずっと単身赴任です。アジア赴任の最後には中国で合弁会社の総経理（社長）となり、なんと社員八千人ほどの会社を率いたということです。

鈴木さんのお話を伺うと、何回も「上司の背中から学んだ」という言葉が出てきます。タイ、マレーシア、ベトナムなどで現地法人の役員をしている上司から何を学んだかというと、自社の利益を考える前に、現地で長く愛される会社をつくることを考えるべきだということです。現地のパートナーの立場に立って、その人たちをリスペクトするという上司の姿勢から、ホンダのフィロソフィーでもある、人間尊重という考え方を実地で学ぶことができたといいます。

座右の銘は「万事如意」と「行雲流水」。万事如意というのは、本来は、すべてあなたの思い通りになって上手くいきますよ、という意味ですけれど、鈴木さんはご自身なりに解釈を加えて、一生懸命やれば、それなりの結果が出るという意味ととらえて肝に銘じているということです。それから「行雲流水」は、お父さまから贈られた言葉です。自分が正しいと思うものを押し付けたり、抵抗したりしてもうまくいかない、まわりの流れに敏感であれという教えで、この言葉を座右の銘にしているということです。

今、女性の管理職・役員登用は、ある意味、過渡期でもありますので、地域限定社員、また一般職から、管理職になり、役員になるという方も出てきていらっしゃいます。

もう一つの流れとしては、女性の管理職・役員候補が不足しているということで、他社からヘッドハンティングしてきて役員にという動きも出てきています。鎌田由美子さんはJR東日本でエキナカを立ち上げたことで有名な方で、四八歳のときにカルビーの元会長の松本会長(13)から引き抜かれて、カルビーの上級執行役員に迎えられました。座右の銘は、「為せば成る　為せねば成らぬ何事も　成らぬは人の為さぬなりけり」。鎌田さんが言うと、すごく説得力がありますよね。

女性役員から学ぶリーダーへの道、今お話をしてきた通り、本当に山あり谷ありで、無駄な経験は何一つないということがわかります。この会場にいらっしゃる若い方へのメッセージとしましては、平坦な道を歩んで、右肩上がりの道を真っすぐ上っていって、それで素晴らしいリーダーになったという方に、私は今までお目にかかったことがありません。でこぼこありながらも、失敗から学ぶ。そういうピンチをチャンスに変える力がすごく大事だと思います。

それから、リベラルアーツとリーダーシップについて、先に先生方からもいろいろなお話がありましたが、今、いくつかお話をした女性の役員の方の事例から考えたいと思います。自分はどこから来てどこへ行くのか、なぜ働くのかと深く考える。あるいは、仕事の社会的意義を考えて、部下にくり返し語る。また経営理念を「腹落ち」するまで徹底的に実践しながら考える。自分の信念を言語化する。こういうようなことはリベラルアーツと深く関わっていて、その基盤があってこそだと思っています。最近読んだ経営リーダーを育成する大学院大学の案内[14]のなかで、三流のリーダーは肩書きで人を動かして、二流のリーダーは知識で人を動かし、一流のリーダーは人格・人柄で人を動かすという、そういう言葉を目にしました。一流のリーダーたるには、信念を持って自らの人格をもって人を動かすことが大切だろうと思います。

改めてリーダーとは何かということを考えると、今までの取材した経験やいろんな書物も見まして、こういうことかなと私なりに考えてみました。「リーダーとは、未来を構想し、ビジョンを立てる。組織やチームが担うミッションを定める。情熱と信念をもって、周囲にビジョンやミッションを語り、共感や信頼を得て、人を動かす。組織を動かし、社会に影響力を及ぼす。歴史観、世界観、人間観を持ち自らの信念に基づいて行動し、責任を取る。グローバルリーダーとは、依って立つアイデンティティを確立。世界の多様性を理解、受容し、多様性を生かして、創造し、変革を起こす」。

今日参加している大学生の方は、こんな難しいことを言われたら私なんか無理と思うかもしれませんが、先ほどご紹介したように、いろんな経験を経て、成長して、リーダーシップを身につけていくものなので、ぜひ恐れず挑戦していただきたい。白波瀬先生のお話にあったように、器になっていくものだと思います。

もう一つ、リーダーであるためにとくに肩書きは必要ないのです。リーダーとマネジャーは違います。エリートのみがリーダーになれるとか、何か肩書きがないとリーダーになれないというものではありません。先ほど女性役員の方々をご紹介しましたけれども、昇進して肩書きを得ることだけがリーダーへの道ではなく、すべての人がリーダーになり得る可能性を秘めているということを最後のメッセージにしたいと思います。ご清聴ありがとうございました。

注

(1) ジャシンダ・アーダーン (Jacinda Kate Laurell Ardern, 1980-)。二〇一七年一〇月にニュージーランド第四〇代首相に就任。二〇一八年六月に出産し、育児休暇を取得。同年九月には国連総会に生後三ヵ月の娘を同伴したことで話題になった。
(2) 欧州経営者連盟。欧州共同体産業連盟 (Union des Industries de la Communauté Européenne) を二〇〇七年に改称。
(3) Emma Marcegaglia (1964-)。二〇一三年から二〇一八年にかけてビジネスヨーロッパの代表を務めた。
(4) 中西宏明（一九四六年生まれ）。日立製作所取締役会長兼代表執行役、日本経済団体連合会第五代会長。
(5) 黒田東彦（一九四四年生まれ）。第三一代日本銀行総裁。
(6) Federal Reserve Board. 連邦準備制度理事会。一九一三年設立。
(7) Janet Yellen (1946-). アメリカの経済学者。二〇一四年から二〇一八年まで連邦準備制度理事会の第十五代議長。

（8）二〇一七グローバル・サミット・オブ・ウイメン東京大会（2017 Global Summit of Women）。二〇一七年五月一一日～一三日。テーマは Beyond Womenomics: Accelerating Access（ウーマノミクスを超えて：アクセシビリティを加速させる）。

（9）Irene Natividad（1948-）．外交・司法・政治分野における女性活躍を推進するために一九七一年に設立された National Women's Political Caucus の代表者。

（10）神戸大学教授で経営学者の金井壽宏は、南カリフォルニア大学のマッコール（McCall, M）らによる著書（McCall et al. 1988）の quantum leap experience という表現（直訳では量子力学的な跳躍となった経験）を「一皮むけた経験」と訳した（金井　二〇〇二）。

（11）「女性役員の『一皮むけた』経験」『日経ビジネスオンライン』、二〇一八年三月二九日より二〇一九年一月まで連載。

（12）Comfort Zone. ミシガン大学ロス・ビジネススクール教授のノエル・ティシー（Noel, M. Tichy）が提唱した概念で、成長にはこのゾーンを抜け出し、ラーニングゾーンに達することが必要だと考えられている。

（13）松本晃（一九四七年生まれ）。ジョンソン・エンド・ジョンソン日本法人社長を経て、二〇〇九年、カルビーの会長兼ＣＥＯに就任。二〇一八年三月退任。同年六月からライザップグループＣＯＯ。

（14）二〇一八年に設立された経営リーダーを育成する大学院大学「至善館」の募集要項。

第十五章　全体討論

司会　（グローバルリーダーシップ研究所所員　谷口幸代）　白波瀬先生にも加わっていただきまして、早速、全体討議へ移りたいと存じます。

では、まず、お互いのお話へのコメントやご質問などをお願いしたいと思います。お話しいただいた順に、白波瀬先生からお願いいたします。

白波瀬佐和子　先生方のお話はどれも面白くて、ただ聞き入っていたという感じです。質問したいことは、今日のキーワードのリーダーについて、いろいろな視点からお話がありました。そこでリーダーとはと問うた場合、何が一番重要なポイントなのか、というのをお伺いしたいと思います。

司会　ありがとうございます。では、山口先生からお一人ずつお願いいたします。

山口一男　先ほどお話ししましたように、ローカルリーダーとグローバルリーダーは随分違うものですから、リーダーの資質で、グローバルということに関して言えば、さまざまな多文化的な経験と、共通の中の合理性がありますが、普遍的な価値の中心には合理的な思考があって、結局、文化や経験を超えて、共通な枠組みとしての合理的思考を持つことが挙げられます。共通の枠組みがわかっていて、その中でみんなが納得できるような案を出してぃける人。場合によっては、積極的な自分のビジョンをはっきり打ち出していける人。そのときにもちろん多様性を生かして、さまざまな人たちの経験・知識も生かしながら、それをまとめ上げて、最終決定をしていく人がリーダーだと考えています。

それから、もう一つは、女性のリーダーシップという話があったので、女性のリーダーは男性のリーダーと違うのかというときに、ジェンダー・センシティビティ（gender sensitivity）というか、女性と男性とでは非常に経験が違うものですから、そういったところへのセンシティビティ（敏感さ）が男性には欠けることがあります。とくにアメリカでも、かつてはセンシティビティのかなり欠ける人がいて、今でも日本のリーダーの多くはそれが欠けているわけです。でも、これは過渡期的な問題で、最終的には、グローバルリーダーに共有の思考の枠組みの中では、このセンシティビティはとくに強調しなくてもいいようになると思いますが、現在のところは、そういったジェンダー・センシティビティ、あるいはマイノリティに対するセンシティビティは、日米のリーダーで随分違うかなと思います。

北村節子　リーダーの資質ということでしょうかしら。リーダーのあるべき姿というのは、本当に今、山口先生がおっしゃった通りだと思うんですが、私が仕事を通して、あるいは山の活動を通して思ったのは、リーダーになる人は想像力の豊かな人だということです。センシティビティということをおっしゃいましたけれども、自分だけでなくて、この状況で相手はどう思うかという想像力をめぐらすことができる人。そして、もう一つは勇気があること、多少冒険しても「これをやってみよう」と言える人。

それから、さらに三つ目として言うならば、これは私がすごく強く感じていることなんですが、自分を笑える人です。いったん言いだしたら曲げないのがトップリーダーだと私には思えません。「いや、間違っちゃったよ」、「俺って駄目ね」、「私ってあほね」って言えるという、ある種の柔軟性ですかね。「俺さま」とか、「私こそ」になると、人間はやばいというのが私の実感でして、そういうおじさんはたくさんいます。惜しいね、と私は思っているんだけれども。「自分はこんな程度のもんであるぞよ」という認識は人をどんどん大きくするような気がするんですよ、かえって柔軟に。

だから、あるべき姿は山口先生がおっしゃったとおりだし、私が「この人だったらやるだろうな」と感じるのは、一つ、想像力が豊かで、二つ、勇気があって、三つ、自分のことを笑える人というところですね。

野村浩子　リーダーの定義は、最後のパワーポイント・シート(1)に入れさせていただいた通りなんですけれども、先ほどもちょっと申し上げたように、最終的には人格が問われると思っています。平易な言葉で言うと、この人に付いていきたいと思われるかどうか、フォロワーたちから。この人に付いていきたいと思われるような人間かどうかということは、信頼に足る、この人は裏切らない、言ったことで嘘をつかない、この人の言うことは信用できるというふうに思わせることができるかどうかというのがすごく大事かなと思っています。

とくにグローバルリーダーと言ったときに、先ほどからのお話に出ているように、食習慣も文化習慣も考え方も価値観も違うとなったとき、いろんなものは違う、でも、目の前にいるその人を信用できるかどうかということで、契約とかが成り立つのではないかと思っております。

司会　ありがとうございました。

それでは、山口先生、他の方々へのコメントやご質問を伺えますでしょうか。

山口　とくに質問はありません。みんな、それぞれ素晴らしい講演だと思います。

司会　では、北村先生、お願いいたします。

北村　苦し紛れに聞いてしまいます。山口先生、ご自身がこれはリーダーとしてうまくいったなというときと、リーダーとして失敗しちゃったというご経験があったら教えてください。

山口　私がリーダーと言えるかどうかわからないですが、長時間労働の話の関係で、アメリカの場合、短時間というのは単に効率的ということではなく、出された時間の中でイニシアティブをとって（take initiatives　何かを発案し、リードする）、自由を生かせるということが重要なんですね。つまり、与えられた仕事をしただけでは仕事をしたことにならないというのがアメリカ的な考え方です。そういったイニシアティブをとれるような環境、人々が多くの提案を言ってみて、それに対して建設的な対応ができて、いいものは汲み取ることができる、そういう形で、人々のイニシアティブを受けながら（receive initiatives　他者の発案を理解し、協力する）、それをまとめて実現可能なものに結び付けていくというのが成功するリーダーです。上からのトップダウンとよく言われるんですが、それは多分昔の話で、失敗するリーダーじゃないかなと考えています。

北村　先生の体験じゃないじゃないですか（会場　笑）。

山口　私もイニシアティブを結局いろいろ汲み上げてやってきたので、何とか少しは評価されたんじゃないかな、と。

北村　わかりました。ありがとうございます。

司会　野村先生、お願いいたします。

野村　再び山口先生に質問で恐縮ですが、欧米で言われているグローバルリーダーと、日本で考えられているグローバルリーダーに、何か違いがあるのでしょうか。欧州のビジネススクールの教授だった先生にお伺いしたのですが、欧州でトップクラスのリーダーは、とに

かく文学・音楽・美術など文化・芸術に造詣が深くて、たとえばフルコースのランチを共にしながら、絵画の話、音楽の話を、二時間半、三時間できる、そういう文化教養を持っている人であることが前提である、かたや日本はどうだろうという話を聞いたこともあります。これはある一面のことではありますが、海外と日本でのグローバルリーダー像で何か違いを感じることはありますか。

山口　たとえばアメリカとヨーロッパは随分違うんですね。ヨーロッパだと、非常に文化資本というか、そういう広い文化的教養や知識が尊ばれるし、アメリカだと、そうではなくて、みんなが納得できる合理的な考え方をうまくきちんと説明できる、そういうところが評価されます。文化的な違いもあると思いますが、少なくともアメリカでは必ずしもそういった教養の広さみたいなものがリーダーシップの資質に必要ではないと思います。

今、シンガポールはものすごく成功していて、ビジネススクールも非常に多くなっているのですけれど、シンガポールのビジネススクールで、グローバルリーダーの条件として一番何を強調しているかというと、多文化的な環境でもって、多様な人々の協力を引き出せる人です。信頼するということについても、当然文化的な違いがあって、さまざまな考えの違いもあるけれども、その人たちの考え方を尊重した上で、なおかつ共通の合意に対して何らかのリーダーシップを発揮できて、まとめ上げることができて、多様な部下から信頼されるのが成功したリーダーのイメージかな。そのときに、文化的なものは、やはり言葉にしても、表情や身振りなどの身体的表現にしても、すべて文化によって違うものですから、そういったものの多様性に対しての理解は最低限必要だろうと思います。宗教的な休日なども非常に配慮して、そういうところで、それぞれの相手の立場や信仰を配慮しながら、なおかつ、その人の持っている力を引き出せるのが重要だと思います。

司会　ありがとうございます。

今、先生方からいただいたお答えの中に、優れたリーダーの資質として、多文化的なものへの理解や配慮、マイノリティへのセンシティビティ、他者への想像力が重要だというお話がありました。また、先生方のご講演の中でも、リーダーシップとリベラルアーツという今日の二つのテーマを結ぶ鍵として「多様性」という言葉が用いられ、そうしたことからも「多様性」が今日のシンポジウムの一つのキーワードであると言えるかと思いますので、もう少しこの観点からお話をお伺いしたいと存じます。

以前、私は、バージニア大学のテレサ・サリバン(2)(Sullivan, T.) 学長（当時）が日本にいらしたときに、白波瀬先生が司会をされた講演(3)をとても興味深く拝聴いたしました。サリバン先生は、バージニア大学で女性として初めて学長になられた方で、その時はダイバーシティの強みをテーマにした講演会でした。

そこで、白波瀬先生ご自身のダイバーシティへの考え方、またダイバーシティを推進するため、大学にどういったことができるのかということについて、ご意見を伺えれば、大変ありがたいと思いますが、いかがでしょうか。

白波瀬　ありがとうございます。なかなか難しい質問ですね。ダイバーシティの大切さを疑う者は少なく、多様であることが望ましいことを否定する者は、今の時代あまりいないと思います。先生方の今のお話とも少し関連させると、センシティビティということをおっしゃったんですけれども、いかに多様な人がいるかということを、自分のこととしてしっかり感じながら、いろんな状況を共有しようと試みることができるか、ということだと思うんですね。

そのために教養は極めて大切で、歴史的な知識は今を評価する上で必要です。たとえば、絵画を観て作家についての知識を沢山もっていることはよいのですが、その絵画がもつ意味を解釈するには、その絵を描き、評価された時代についてのそれなりの基礎知識が求められます。また、他の国の人との付き合いにおいては、それぞれが属する国や地域との微妙な関係を理解することもまた期待されます。過去の歴史を知っているか、知っていないかで、対個人との関係や物事の意味を理解する深さが違ってきます。それは単なる知識を超えた、センシティビティを会得しているかどうかが、大切になってくるのです。

サリバン先生のお話でも、大学経営というと大上段に構えてしまいますが、先生はマイノリティ学生に対して多大な支援を提供されると同時に、大学の経営改革も実行されました。現代のアメリカでも、マイノリティの間では、家族の中で大学まで進学したのはわが子がはじめてというケースも少なくありません。そのような中、大学教育機会をできるだけいろんな家庭の子ども達に提供したいという強い思いがあり、それと同時に、大学の経営状況も改善したという実績をお持ちでした。そんな先生とお話しして、リーダーというのは相手にしっかり説明する能力を持ち合わせることが必要なのだと改めて感じると同時に、強いリーダーシップを行使して目標を達成する行動力もまた強く求められる資質だと改めて思いました。

高いセンシティビティをもつことは自然に身につくといったことでもありません。やはり、教育として積極的にセンシティビティを磨いていく機会が提供されることが大切です。大学という高等教育機関ではとくに、知識のみならず、物事を感じ判断する際の敏感さに磨きをかける多様な機会が提供されることが必要です。書物に触れるだけでなく、実際に地方や海外に足を運んでみることで、自らの視点がいかに小さい範囲でしか物事を見てこなかったのかがわかり、新鮮な経験をすることができます。ポリティカリィ・コレクト（politically correct）、インコレクトということばがありますが、世の中には言っていいこと、悪いことがあることを、日常的にいろんな人が言い続けることは、教育的にも極めて有効です。多様であることを認識することは、マイノリティの存在に敏感で、世の中の出来事に敏感に反応する感性を磨かなければならないのです。

司会　ありがとうございます。同じ点について、何か他の先生方からお伺いすることはできますでしょうか。山口先生、お願いいたします。

山口　私は『ダイバーシティ』(4)という小説みたいな本を書いたのですが、教育においてダイバーシティの強みには三つの要素があると思うんですね。

一つには、自分の個人的な経験を、ある程度広く幅があって、いろいろ経験があって、それを共有している人たちの中でシェアすることによって、共有部分と違う部分も認識することです。先ほど白波瀬先生がされた、テレサ・サリバン氏のお話の中にありましたが、自分が親族の中では初めて大学に入ったという学生さんたちを集めた時に、教員たちの中にもそういう人たちがいて、ここは自分の場ではないんじゃないかといったコンプレックスを克服したロールモデルとして出てきて、一人一人が少しずつ違ったり、共有する部分があったりして、そういったことを自分の経験を超えて共有することができれば、ダイバーシティの強みになります。

二つ目は、違いの中でどうやって意思決定をしていくか。日本で留学生が増えていますが、たとえば留学生と日本人を合わせたグループでもって一緒に学習して、あるいは共通の目標のプロジェクトを組むと、日本の学生みたいに空気を読んで合わせていくようなパターンは、おそらく留学生、中国人でもアメリカ人でもほとんどないでしょう。みんなが自分の意見をぽんぽん言っていく。目標達成のために違う考えがあったら自然に出していかざるを得ないし、自分も貢献しなきゃいけないという経験を、大学の中で学べると思うんです。だから、多様なバックグラウンドを持った人たちが、共通のプロジェクトのために共有し合って、まとめるにはどうしたらいいかという、そういう経験のプロセス、つまり、ダイバーシティを、状態としてではなく、プロセスとして感じて、その中から結果を何か出していく訓練が、リーダーシップにとっても非常に必要だと思います。

それから、もう一つは、『ダイバーシティ』の本の中で強調しているのですけれど、多様なバックグラウンドがあるということは、実は補完性があるということです。お互いに知らないことを知っている人たちをまとめるから、補完性を引き出すというのが協力の本当の意味なんですね。同調というのは、補完性なんて考えていないわけです。相手との違いに強みを見出すのではなく相手に合わせてしまうわけですから。違うからこそ、いいものができるっていうのは、補完性を認識して、それぞれが違う知識を持っていることを合わせてつくるからこそ、一人がつくるよりも、同質的な人がつくるよりも、いいものができるということです。サリバン氏の話にもあったのですが、ダイバーシティ、つまり多様性のあるグループと、ホモジニアスな、同質的な人たちのグループをつくってみて、共通の目標を達成させたら、多様な人たちで構成されたグループの方が、実際に結果のパフォーマンスが優れていたといいます(5)。ただし、多様ですから、まとめるのは同質的な人の場合より難しい。同質的だと考え方も同じだし、それでいこうとパッと動けるわけですが、決して最終的に出てくるものがいいものではない。それを身近な教育の中で経験させることは多分可能で、大学に留学生が多いという前提に立つと、大学の大事な機能の一つではないかと思います。

司会　ありがとうございます。北村先生にもご発言をお願いできますでしょうか。

北村　ダイバーシティということの一般論的な言い方になるかもしれないんですが、今いろんなところで圧倒的多数という状況が生じていますよね、政治の場であるとか、あるいは企業の中の何派と言われるような人たちとか。そういったときに、ダイバーシティ、やっているもんねという形で、一つのエクスキューズみたいな格好でポッと異分子が入っていくことがあります。

だけど、そういうのは、とくに男性と女性と考えてもらっていいんですけれども、圧倒的優勢な男性の中にポツンと女性が採用されると、しばしば彼女はダイバーシティという本来の役目よりは、メッセンジャーガールみたいな役割になることがあるわけですよね。時々、むしろ彼女のほうが過激にその集団に同調する、ということさえあって、私たちがダイバーシティと言うときに、何か異質のものが入ればそれでいいというのではなくて、どういう全体状況の中で、この異分子がどういう位置を占めているかというのを、見る方としても、きちんと見なくちゃいけないっていうことが一つ。

それから、異分子とか少数派として組織に加わる時、頭のいい人はいろいろ忖度して、こう振る舞えば、波風がたたないよね、とか受け入れられるよね、みたいな判断をするわけですが、私自身、自分が失敗したとき、思い切って何かものを言って冷たい視線を浴びたときに、言い聞かせてきた言葉がありまして、それは「これで切腹しなくちゃいけないわけじゃあるまいし」ということなんです。民主主義の世の中で、ちょっと毛色の変わったことを言ったって、別に首を括らなくちゃいけないということはないし、バッサリ切られることもない。それを言ったら、私たちはなんて自由な時代に生きているんだと思うんだけど、それなのに、みんな自縄自縛だよなっていう気がいたします。そういう意味では、私は、もっとみんなに破天荒になってほしい。とくに女性。女性は、今まで男性が一次規範できたところに、せっかく違うものを持って登場したんだから、「私は違うと思います」という台詞を、楽しく明るく勇気を持って言っていただきたいと思います。

司会　ありがとうございました。

もう一つ先生方のお話の中に共通して出ていた話題で、司会よりお伺いしたいことがございます。たとえば白波瀬先生の基調講演で、女性管理職割合の低さについて、なぜ低いのかということで、一つには評価の問題があるということ、もう一つが本人の問題として管理職に就くことへの意欲を示す女性が少ない、管理職の器ではないと自己評価してしまう、こうした二つの理由があることをお話しいただき、器にはなっていくものだと大変強く心に響くお言葉をいただきました。野村先生のお話でもこのお話を受けた部分がありましたので、そのあたりのことをぜひ全体討議の場で改めて話題にしたいと思います。

最近、女性の活躍を阻む壁としてアンコンシャス・バイアス（unconscious bias）、つまり無意識の偏見や先入観のようなものがよく話題になります。さらに女性の側にもそれが内在化しているという見方もあるようですが、果たして女性の側の問題なのでしょうか。このアンコンシャス・バイアスについて、先生方はどのようにお考えであるのかということ、また、それをどう克服したらいいのか、そして、もう少し欲張れば、その克服に向けて大学が果たせることがあるとしたら何か、以上につきましてお聴かせください。

白波瀬　器になっていくということは、強調したいと思います。ある地位に特別な人だけ就くわけではありません。リーダーに、原則、誰もがなりうるチャンスがあります。選ばれし者だけがリーダーになるというよりも、たまたまいろいろな偶然も重なりながら、そのポジションに就くことも少なくありません。

大学にあっても、数値目標を設定してその値に達することが第一目標となります。女性管理職割合三割というのも、その一つの例ですね。ただ、三割を超えたから終わりではなく、それが始まりだということです。女性管理職が少ない今、管理職に就くことなどまったく想定しなかった者が管理職に就く場合が増えていきます。彼女たちは、女だから管理職になれたのだと陰口を叩かれることだってあるのです。しかし、大切なのは管理職についてからも支援し続けるということ。ロールモデルがいない分、先例のない役割は男性だって大変なことですから。

大学でも、女子学生は手を挙げて意見をなかなか言わないんですよ。男子学生も言わないけれど、男女一緒だと女の子から手を挙げる状況は一般に少ないですね。大学は議論の仕方を練習するよい場所なので、自分の意見を言って議論にどんどん参加してもらいたいですね。それが他人を納得させる説明の練習にもなりますから。そういうことを通して、人の上に立つ「器」になる準備ができていくのではないでしょうか。

前例のない事例に対して、無意識のうちの偏見にさらされることが多いと思います。最初の者は誰も大変です。失敗だってするし、はじめてだからその失敗は強調される。でも、小さくても成功体験を積み上げていけば道は開けていきますし、先達者がいないことでかえって自由に自分流管理者になることができるのではないでしょうか。いったん、地位に就けばそれなりに物事は進んでいくのです。少し気を大きくもって、女性だって管理職に就いてみてはいかがでしょうか。器になっていくのです。

司会　ありがとうございました。続いて、山口先生、お願いいたします。

山口　白波瀬先生のご報告の中で、伝統的な分業が非常に問題だとおっしゃいましたけれども、家庭の問題だけじゃなくて、おそらく雇用において非常にステレオタイプの、こういう職業は男性に向いているとか、向いていないとかという決めつけがあると思います。最近の医科大学の入学試験の話でも、教育の場でも女性差別が行われているというニュースがありました(6)が、やはり雇用主にも、教育者の中にも、そういう仕事は女性に向いている、向かないみたいな勝手な決めつけがあって、それが女性に対して非常にハンディキャップを負わせていることが多いのではないかと。アンコンシャス（無意識的）か、コンシャス（意識的）かはわからないですけど、どちらにしても、そういったステレオタイプみたいなもの、伝統的な決めつけがあって女性が不利を被っています。

専門職の中でも非常に女性は偏りがあるんですね。女性の多い専門職は、保育士さんであったり、幼稚園や小学校の先生であったり、看護師であったりというように、一般的に家事・育児の延長的なものと捉えられがちな労働や、ケア労働であったりするものが多く、専門職であっても、男女とも比較的給与が低い職（保育士、幼稚園教諭）や、管理職の女性割合が低く男女格差がある職（小学校教諭）が多い。そういう形での問題が一つあります。

もう一つ、女性の側の問題と言いましたけど、私は社会の問題だと思うんです。社会の問題の中で一つ大きいのは家庭の問題です。小学生に将来どういう職業に就きたいかと聞いても、日本では、女性の場合はたとえばケーキ屋さんになりたいとか、男性の場合にはサッカーの選手になりたいとか、いろいろあるんですが、男女で分かれてきていますよね。

とくに問題となるのは理工系です。日本で理工系に進む女性が少ないのは、ソーシャライゼーション（社会化）の中で、日本はおそらくアメリカ以上に女性がハンディキャップを負っているのではないか。たとえば子どもの時に理工系の遊ぶものを男性と女性が同じように与えられた場合には、より理工系のことを好む女性たちが出てくるという記事を読んだことがあります(7)。それは小学校に入る前から、子どもにものを与える時に、男の子にはレゴブロックをあげたけど、女の子には人形をあげたとか、そういう親の態度がかなり影響を与えて、理系から離してしまう。同じようにレゴを与えていれば、子どもに対して教育的なことは何でも同じように扱っていれば、それほど違いが出てこないんだけれども。昔は、何となく語学の成績は女性の方が高くて、数学は女性の方が平均値が低いといったことがあったのですが、今は北欧のスウェーデンやフィンランドでは数学も、高校まですべて女性の方が平均点が高いです(8)。

理系に進む人たちもどんどん出てきているのは、そういったソーシャライゼーションがジェンダー・ニュートラルと言いますけど、性別的に中立になっていて、それは小さい子どものときから始めるほど大きいということです。

ですから、逆に言うと、女性が悪いのではなくて、そういうふうに女性に家庭が負荷を与えてしまっているんじゃないか。つまり、将来的な職業を、男女でソーシャライゼーションを変えることによって女性に制限を与えているんじゃないかということです。

よく子どもは家庭で過ごすのが一番いいというんですけど、今、アメリカで見直されているのは、家庭の影響で、たとえば家庭によって、どの程度ボキャブラリーの多い人間が、話しかける頻度によって、どのくらい幼児の言葉の語彙の発達に違いが生じるかがわかってきています(9)。これは親じゃなくても、保育士さんでも、誰でもいいです。母親である必要も、父親である必要もありません。ともかくボキャブラリーの多い言葉でもって、わかりやすく話しかけることが大切です。逆に、家庭の親にあまり教養がなくて、ボキャブラリーが少ないと、子どもがハンディキャップを負ってしまいます。

ですから、むしろ就学前の時期に、そういったハンディキャップを負いそうな子どもに対しては、公共でサポートすべきではないかという議論が起こってきて、お金も使うようになってきました。とくに貧しい黒人の家庭などが、小学校の一年のときからすでに成績が、白人より大分低くなってしまうのが、公的サポートを行うことによって、かなり改善されるという結果も出ています(10)。

だから、そういった家庭のあり方を、もう少し女性がハンディキャップを負わないように、あるいは親の語彙が少ないとか、親がものごとを子どもにわかりやすく説明できないとか、いろいろな意味で家庭環境が子どもの認知能力の発達に不利であることによってハンディを負わないような取り組みが今後とも必要になってくるのではないかと考えます。

司会　ありがとうございます。北村先生、お願いします。

北村　私はエピソードぐらいしかご提供できないんですけれども、住んでいるぼろマンションをリニューアルしようと思って、設計士さんを頼んだことがあるんですね。二十年くらい前の話です。設計士さんは忙しい。私も忙しい。夜うちに来てくださいと言って、打ち合わせをしていたんですよ。その夜、たまたま父から電話がありました。「どうしてる?」って言うから、「実は今こういうわけで設計士さんに来てもらっているの」って言ったら、声を潜めて、「おい、こんな夜中に男を部屋に入れているのか」って言うのね。だから、私は声を潜めて、「お父さん、女の人よ、設計士さんは」って言ったの。そしたら今度は、「え? 女? 女の設計士で大丈夫か」って言ったの。私の仕事を応援してくれていた父にしてこれかと思ってガクゼン。つまり、私たちよりさらに一つ上の年代の人は、抜きがたく「女は頼りにできん」という考えを持っているんです。だから、それを私たちの世代は一つ一つもぐらたたきみたいに指摘していかなくちゃいけない。

それと同時に、私は自分でも時々ハッと思うんだけど、混み合ったエレベーターに乗ります。最初に乗ったとすると、ついボタンのそばに居座って、目線で、「どこ?」みたいな聞き方をして、エレベーターおばさんをやっているんですよね。これって、そう思って意識して見ていると、圧倒的に女性に多い。サービスしてあげるわという姿勢ですよね。それは優しさかもしれない。かと思うと、合コンなんかで、私はもう合コン、行きませんよ（会場 笑）、若い人の様子を見ていると、サラダが大鉢で来たときに取り分ける女子の優しさというのが評価されている、みたいなことがあって、あらゆる所にそういう罠はあるわけ。もちろん、いとしい人に取ってあげたかったら、それをしてもいいんだけれども、ここでこれをやりゃ、もてるんだろうなという、そういう打算の方が大きいじゃない、はっきり言って。女子はわかるでしょう。あらゆる所にそういうトラップ（罠）があるわけですよね。私がつくづく思うのは、学校であるとか職場で、少し先輩の人を見て、若い者は育ちます。ビヘイビア（振る舞い）を学びます。そういったときに、ちょっと意識のある女性だったら、「こういうときはそんなことしなくていいのよ」と、自分の行動で教えてあげてほしいの。

また思い出した言葉が一つあって、私が社会部に最初に配属されたとき、お兄さんとおっさんばっかりなわけですね。当時のことだから、みんなたばこ吸うわけ。それも粋だと思っているんだか、何だか知らないけど、床に捨てるのよ。それで、足でギュギュギュッとやりながら電話とるのが格好いいみたいな感じ。それが嫌で嫌で嫌で、しょうがなくて。アルミの灰皿があるじゃないですか。あ、またやるな、と思うと、あれをパッと出すわけね。「何だよ、気が利くな」って言う男がいたけれど、デスクにあのとき言われた言葉の方を強烈に覚えている。すごく差別的な表現だけど、場面を思い描いて聞いてほしい。「おまえな、キャバレーの女給みたいなことをやりにきたんじゃねえだろう」って。これってすごい新聞記者的だと思うでしょう、言い方としては。でも、彼が言ったのは、そういったことのために女のおまえを新聞記者にしたんじゃないっていう意味なんですね。それはそうだよなと思って、私はそれから言うようになりました。「そこに投げないでください」。そのあたりから、「言っても切腹させられるわけじゃない、だから言おう」というふうに変わるわけで、職場の上位にある人の助言は、男であろうと、女であろうと、意識のある人からの助言は効くと思います。以上、エピソードの羅列でございました。

司会　ありがとうございました。野村先生もお願いいたします。

野村　今、私は科研費の研究で、お茶大の先生方の助言もいただいて、リーダーシップの性差とアンコンシャス・バイアスの関係について調査研究(11)を進めております。役員・部長層と、課長と、管理職手前という三層で、男女で六グループの、ジェンダー・バイアス、リーダーシップ・スタイル、それぞれの関係性などを、これから分析をしていきたいと思っております。

中間集計でわかったことを一つだけご紹介しますと、日本の社会の中で、男性が持っていると望ましいとされる特性、女性が持っていると望ましいと思われる特性、リーダーとして望ましいと思われている特性、その三つで、特性語でどうかというのを聞いていったんです。そうすると、今まさしく北村さんがおっしゃったとおり、女性として望ましいのは、たとえば愛想がいいとか、繊細とか、きれい好きというのが並ぶ。男性として望ましいのは、ハードワークに耐えるとか、プレッシャーに強いとか、競争的であるというものが並ぶ。リーダーとして望ましい特性というのは、大体男性として望ましいものと極めて似通っている。つまり、日本の社会の中で、女性として望ましいと思われているものに沿って行動しようとすると、リーダーとして望ましいというものから遠ざかってしまう。それは男女ともにそうなんですね。それで、外から評価する側も、女性が非常にプレッシャーに強くて、ハードワークで、競争的だったりすると、女だてらにとか、女のくせにとか、思ってしまう。だから、ヒラリー・クリントンが嫌われたという話もあるんですけども。そういう無意識の刷り込みがあって、女性がリーダーは私なんかとてもとてもみたいに思ったりとか、引っ張る側も、いやいや、女性でふさわしい人はあんまりいないよねと思ったりということにつながっているのではないかという仮説を持っております。

山口　北村先生がおっしゃるトラップと野村さんのおっしゃったことにちょっと関係するのですけれど、最近日本で「女子力」という言葉が流行っています。アメリカから見ると、本当に変だと思います。男性をサポートするのが女子力といったステレオタイプな見方で、それがまたリーダーの適性とはまったく逆方向の属性ですよね。そういうトラップみたいなものを日本社会はどんどん作っていくのだと感じました。

北村　本当に。でも、私はさっき切腹しなくていいんだと言ったんだけれども、一方で現実社会では「清く正しく玉砕しちゃう」ということもあるんですよね。あまりに筋の通ったことを、あまりに堂々と言うんで、シカトされるみたいなことがある。志は強く持ったまま生き延びるには、戦略性も必要だなと、実社会を過ごしてきた者は思いますね。それは別に降伏するという意味ではなくて。

司会　ありがとうございます。

このディスカッションでは、すぐれたリーダーの特性とジェンダーの関係、ダイバーシティの尊重と推進、アンコンシャス・バイアスとその克服、そのために大学に期待される役割など、さまざまなトピックについて貴重なご意見をお伺いしてきました。志は強く、なおかつ戦略も必要だというところまでお話が展開し、本当はもっとお伺いしたいところですが、すでに時間をかなり超過しております。残念ながらフロアからご質問をいただく時間がなくなってしまいましたが、パネルディスカッションをここで終了させていただきます。

今日は素晴らしいお話をお伺いすることができました。「器にはなっていくもの」も、まさにそうですが、心に刻まれるフレーズにあふれた時間となりました。先生方、本当にありがとうございました。

以上をもちまして、「リーダーシップ論」最終回を終了いたします。二〇〇九年度より継続開催して参りました連続講演会「リーダーシップ論」は、ひとまず今回をもちまして一区切りといたしますが、これからも当研究所では女性リーダーの育成をミッションとして活動してまいりますので、どうぞよろしくお願いいたします。

注

(1) 野村氏が講演で示したリーダー像は二一三頁参照。

(2) 一九四九年生まれ。アメリカの労働社会学者。二〇一〇年八月にバージニア大学第八代学長に就任。同大学で女性初の学長。二〇一八年七月に退任。

(3) アメリカ大使館主催講演会「ダイバーシティの強み――米国経済と社会：労働力の多様性による利益」、二〇一六年六月一日。

(4) 第一〇章参照。

(5) ミシガン大学教授で複雑系政治・経済学者のスコット・ペイジ（Scott Page）は、均一性よりも多様性が、グループ、企業、学校、社会に有益な結果をもたらすことを示した（Page 2007）。

(6) 第一二章第一節注(9)参照。

(7) ケンブリッジ大学教授で物理学者のアテナ・ドナルド（Athene Donald）は、幼少期に手にする玩具が将来の専攻や職業の選択に影響を与えるとし、ジェンダー・ステレオタイプに基づいた玩具がSTEM分野（Science, Technology, Engineering and Mathematics 科学・技術・工学・数学）に進む女性を少なくしているという見方を提示した（Donald 2012, Conner 2015）。

(8) OECDが一五歳児の学習到達度調査PISAのデータから数学的リテラシーのジェンダー差を

分析している（http://www.oecd.org/els/family/CO_3_4_Literacy_scores_gender_age_15.pdf）。

（9）スタンフォード大学教授で心理学者のアン・ファーナルド（Anne Fernald）らは幼児期の子どもに話しかける人の語彙の豊かさが子どもの語彙の発達に強く影響することを示した（Weisleder and Fernald 2013）。

（10）シカゴ大学教授で経済学者のジェイムズ・ヘックマン（James Heckman）は、デトロイト市郊外で恵まれない環境に置かれている三、四歳の黒人の子どもたちを対象に、就学前のアクティブラーニングがその後の学力や高卒率などに有意に影響することを発見した「ペリー就学前プログラム」を、さらに発展させ、経済的にハンディキャップを負った家庭の子どもの就学前の認知能力、および社会的感情能力・勤勉性・自信などの非認知能力の開発の重要性を示した（Heckman 2012）。

（11）科学研究費調査・基盤研究（C）「女性のリーダーシップ・スタイルと組織内育成についての実証研究」（17K03890）によるアンケート調査「組織リーダーの望ましさとジェンダーバイアスの関係」（野村浩子、川崎昌）。二〇一八年六月から七月にかけて大手上場企業二五社の社員を対象に実施。

あとがき

お茶の水女子大学グローバルリーダーシップ研究所・所員　谷口幸代

近年、女性リーダー、女性のリーダーシップに対する社会の関心や期待が高まり、それにともない関連する書籍の刊行も続いています。その中にあって、本書は一〇年間にわたって継続的に当該テーマを追求してきた連続講演会の成果を問うものであるところに第一の特徴があります。この連続講演会が始まった二〇〇九年は、男女雇用機会均等法の制定から二五年目にあたります。そこから女性の職業生活における活躍の推進に関する法律、いわゆる女性活躍推進法が制定された二〇一五年を経て、集大成となる特別シンポジウムを開催したのが二〇一八年夏のことです。二〇〇三年の男女共同参画会議決定で掲げられた目標、すなわち、社会のあらゆる分野において指導的地位に女性が占める割合が二〇二〇年までに少なくとも三〇％程度になること、で明示された期限は間近に迫っています。しかし、各国における男女格差を測る主な国際的指数として知られるジェンダーギャップインデックスでは、単純にこの間の順位の推移を見ますと、日本は一三〇ヵ国中九八位

（二〇〇八年一一月発表）から一四九ヵ国中一一〇位（二〇一八年一二月発表）となり、この点についてて本書第Ⅱ部第十二章で白波瀬佐和子氏は、比較対象国数の違いを考慮すると実質的なランキングに大きな変化はなく、低い位置のままだと述べられています。法整備などの社会の動きと女性リーダーの活躍をめぐる実態の間にはなお乖離があると言わざるをえません。こうした状況を背景に、この連続講演会では一貫して女性リーダーの育成をテーマに企画を立ち上げてまいりました。

一〇年間にお招きした講師は、企業、行政、教育、研究、メディア、国際交流、スポーツといった各界の先端で活躍されている方々です。いわゆる「リーダーシップ論」の理論的専門家ではありません。したがって、多様な分野における豊富な経験と深い洞察に基づく、いわば経験的リーダーシップ論が中心であるところに本書の第二の特徴があると言えます。リーダーシップそのものを主題とした回から、リーダーシップを発揮するために必要となることを取り上げた回まで、幅のある内容となっています。各回の開催のための種々の業務にはその時々の担当者が従事してきましたが、私は直近の第一〇回と特別シンポジウムの企画・運営を担当したことから、一〇年間の歩みをまとめる機会を与えられました。そこで、すべての回の講演録を読み直して本書の編集にあたったところ、一〇年間の中で各種データの細かな数値の推移などは当然あるものの、各講演の本質的な部分に関しては、現在もその意義は揺るがないものであることを改めて感じた次第です。

第三の特徴は各講師の平易な語り口にあります。女性リーダーをテーマにした書籍の場合、管理職に就いた女性を読者層に想定したものも少なくありません。それに対して、本学の「リーダーシップ論」は、原則、授業の一環として開催してきており、本学の学生が聴衆の中心です。これからの社会を担う、未来の女性リーダーたちです。それに加えて広く公開の講演会とした結果、管理職の女性をはじめとした働く女性たちはもとより、教育関係者、自治体の男女共同参画室の方、企業の人事担当の方など、学外からも毎回多くのご参加がありました。本学への進学をめざす高校生の姿も見られました。このように来場者が幅広い年齢層と多様な立場の方々であることから、専門的な知見に基づく内容をわかりやすくお伝えいただきたいと講師の方々にお願いしました。本書の平易な語り口はその要望にお応えいただいた結果です。

本書刊行にあたっては、ご講演内容を本書に掲載することをご快諾くださった講師の皆様にまず心からお礼を申し上げます。第一回講師の小林陽太郎氏、第二回講師の池田守男氏が逝去されたことは誠に遺憾なことですが、この連続講演会の幕開けを飾ってくださった両氏に哀悼と感謝の念をこめて本書を捧げ、本書への掲載をお許しくださったご遺族に深く感謝申し上げます。編集に際してお力添えくださった富士ゼロックス株式会社、独立行政法人国際交流基金、山形県庁、凸版印刷株式会社、公益財団法人トヨタ財団（章の順序による）にも謝意を表します。

講演会場に集まってくださった皆さまにもお礼を申し上げます。この連続講演会が充実したものとなったのは、熱心にメモをとりながら聞き入り、活発に意見交換をしてくださった来場者の皆さまのおかげでもあります。来場者アンケートでは毎回あたたかいご感想やご意見を多数寄せていただきました。特別企画シンポジウムでのアンケートの自由記述欄では、「お茶の水女子大学の底力を感じました」との感想も寄せられました。当日の登壇者の多くが本学出身者であったことから、このようなご感想をいただいたのかもしれません。一八七五年の創設以来、常に女子教育の歴史を切り拓いてきた本学の「底力」の一端を、本書を通してさらにお伝えできるとすれば、「リーダーシップ論」の企画担当者としてうれしく存じます。

そして、本書の刊行をお引き受けくださった勁草書房の井村寿人社長、編集の労をとってくださった同社編集部の藤尾やしお氏に厚くお礼申し上げます。

この連続講演会をグローバルリーダーシップ研究所の様々な活動とどう関連付け、この事業の意義をより確かなものとするのか、また、ここからどのようなリーダーシップ理論を構築し、発信していくのか、そうした課題に一つ一つ向き合っていくことが、この連続講演会に寄せられた期待に応えていくことにつながるはずです。したがって、この連続講演会は本書の刊行をもってひとまず区切りを迎えますが、その意味では新たな出発点に立ったということでもあります。お茶の水女子大学グローバルリーダーシップ研究所の活動に引き続きご理解とご協力をお願い申し上げます。

講師プロフィール

小林陽太郎

1933年生まれ。1956年、慶應義塾大学経済学部卒業。1958年、ペンシルベニア大学ウォートンスクール修了、富士写真フイルム（現・富士フイルム株式会社）に入社。1963年、富士ゼロックス株式会社に入社し、企画部長、取締役、常務取締役などを経て、1978年に代表取締役社長に就任。その後、同社代表取締役会長、相談役最高顧問を歴任。社外では、日米経済協議会会長、公益社団法人経済同友会代表幹事などを歴任。またリベラルアーツに裏打ちされた人格を有する真のリーダーの育成をめざし、日本アスペン研究所の設立に参画、初代会長を務めた。2015年、逝去。

池田守男

1936年生まれ。1961年、東京神学大学神学部卒業、株式会社資生堂に入社。取締役秘書室長、常務取締役、代表専務取締役、代表取締役副社長を経て、2001年、同社代表取締役執行役員社長に就任。サーバントリーダーシップを実践し、「店頭基点」の精神で経営改革を推進した。その後、同社会長、同相談役、東洋英和女学院理事長兼院長、教育再生会議座長代理、内閣府公益認定等委員会委員長などを歴任。2013年、逝去。著書に『サーバント・リーダーシップ入門――引っ張るリーダーから支えるリーダーへ』（共著、かんき出版、2007）。

野田朱美

1969年生まれ。1984年、サッカー日本女子選抜に日本最年少（当時）で選出される。1989年、読売ベレーザ（現・日テレ・ベレーザ）に入団、中心選手としてリーグ4連覇に貢献。1996年、アトランタオリンピックに主将として出場。2008年、日本サッカー協会（JFA）特任理事、2010年、同理事に就任。同年、日テレ・ベレーザ監督就任。2014年、日本サッカー協会・女子委員長に就任。同年、JFA公認S級コーチライセンス取得。2016年、伊賀フットボールクラブくノ一監督就任。2018年、ノジマステラ神奈川相模原アカデミー総監督兼、ドゥーエ（U-18）監督に就任し、現在に至る。

小倉和夫

1938年生まれ。1962年、東京大学法学部卒業。1964年、ケンブリッジ大学経済学部卒業。1962年、外務省入省。外務省文化交流部長、経済局長、外務審議官、駐ベトナム大使、駐韓国大使、駐フランス大使などを歴任。2003

年、独立行政法人国際交流基金理事長に就任。現在、国際交流基金顧問、日本財団パラリンピックサポートセンター理事長。主著に、『パリの周恩来——中国革命家の西欧体験』（中央公論社、1992、吉田茂賞）、『日本のアジア外交——二千年の系譜』（藤原書店、2013）など。

吉村美栄子

1951年生まれ。1974年、お茶の水女子大学文教育学部卒業、株式会社リクルートに入社。1977年、退社し、山形に帰郷。子育てをしながら、1981年、行政書士資格を取得。山形市総合学習センター勤務、山形県教育委員会委員、行政書士開業、山形市個人情報保護制度運営審議会委員、山形県総合政策審議会委員、山形県農業農村振興懇話会委員、山形県入札監視委員会委員などを経て、2009年、第50代山形県知事に就任、東北初の女性知事となる。2013年に再選、2017年に三選。

足立直樹

1939年生まれ。1962年、中央大学法学部卒業。同年、凸版印刷株式会社入社。取締役、常務取締役、専務取締役、代表取締役副社長を経て、2000年、代表取締役社長に就任。2010年、代表取締役会長に就任し、現在に至る。社外では、日本印刷産業連合会会長、印刷工業会会長、日本経済団体連合会常任幹事、文化庁文化審議会委員、中央大学理事長、日本ユネスコ国内委員会委員などを歴任。2015年、旭日重光章受章。

北村節子

1949年生まれ。1972年、お茶の水女子大学文教育学部卒業。同年、読売新聞東京本社入社。同社調査研究本部主任研究員、法務省中央厚生保護審査会委員などを経て、現在、高エネルギー加速器研究機構監事。1975年に女性だけで初めてエベレスト登頂を成し遂げた「エベレスト日本女子登山隊」に参加。労働政策審議会労働力需給制度部会などを歴任。主著に、『ピッケルと口紅——女たちの地球山旅』（東京新聞出版局、1997）、『専業主婦の消える日——男女共生の時代』（共著、有斐閣、1986）など。

野村浩子

1962年生まれ。1984年、お茶の水女子大学文教育学部卒業。『日経WOMAN』編集長、『日経EW』編集長、日本経済新聞社編集委員、『日経マネー』副編集長を経て、現在、淑徳大学人文学部教授。財務省・財政制度等審議会委員など各種委員を務める。著書に、『働く女性の24時間——女と

仕事のステキな関係』（日本経済新聞社、2005)、『定年が見えてきた女性たちへ――自由に生きる「リ・スタート力」のヒント』（WAVE出版、2014)、『女性に伝えたい未来が変わる働き方――新しい生き方のヒントが見つかる、二極化時代の新提言』（KADOKAWA、2017)。

遠山敦子

1938年生まれ。1962年、東京大学法学部卒業。文部省初の女性キャリアとして入省。高等教育局長、文化庁長官、駐トルコ大使、国立西洋美術館長を経て、2001年、文部科学大臣に就任。その後、新国立劇場運営財団理事長を務めた。現在、トヨタ財団理事長、日本いけばな芸術協会会長、静岡県富士山世界遺産センター館長。2013年、旭日大綬章受章。2015年、お茶の水女子大学より名誉博士号授与。主著に『トルコ――世紀のはざまで』（日本放送出版協会、2001)、『来し方の記――ひとすじの道を歩んで50年』（かまくら春秋社、2013）など。

山口一男

1946年生まれ。1981年、シカゴ大学でPh.D.（社会学）取得。総理府勤務、コロンビア大学公共衛生大学院助教授、カリフォルニア大学ロサンゼルス校社会学科助教授、同准教授を経て、現在、シカゴ大学社会学科教授、経済産業研究所客員研究員、シカゴ大学グラハムスクール理事。主著に、『ダイバーシティ――生きる力を学ぶ物語』（東洋経済新報社、2008)、『ワークライフバランス――実証と政策提言』（編共著、日本経済新聞出版社、2009)、『働き方の男女不平等――理論と実証分析』（同前、2017)、*Event History Analysis*, Sage Publications, 1991. など。

白波瀬佐和子

1958年生まれ。1997年、オックスフォード大学大学院でD. Phil.（社会学博士）取得。国立社会保障・人口問題研究所室長、筑波大学大学院システム情報工学研究科助教授を経て、現在、東京大学大学院人文社会系研究科教授、同大学副学長。厚生労働省社会保障審議会委員、文部科学省科学技術・学術審議会委員、内閣府「選択する未来」委員会委員なども歴任。主著に、『少子高齢社会のみえない格差――ジェンダー・世代・階層のゆくえ』（東京大学出版会、2005)、『日本の不平等を考える――少子高齢社会の国際比較』（同前、2009)、『生き方の不平等――お互いさまの社会に向けて』（岩波書店、2010)、*Social Inequality in Japan* Routledge, 2015. など。

索　引

【ア行】

【カ行】

【サ行】

【タ行】

【ナ行】

【ハ行】

【マ行】

【ヤ行】

【ラ行】

【ワ行】

参考文献

第一章　私の考えるリーダーシップ

樺島弘文（2012）『小林陽太郎――「性善説」の経営者』プレジデント社.

小林陽太郎・池田守男（2009）『連続講演会「リーダーシップ論」 第1回「私の考えるリーダーシップ」 第2回 「社会におけるサーバントリーダーシップ」』お茶の水女子大学リーダーシップ養成教育研究センター.

Katzenbach, J., the RCL Team, Frederick Beckett.（*1996*）Real Change Leaders: How You Can Create Growth and High Performance at Your Company, Three Rivers Press.（マッキンゼー高業績経営研究グループ訳（1998）『リアル・チェンジ・リーダー』講談社）.

Wilson, E.（2006）Joe Wilson and the creation of Xerox（鹿毛雄二・鹿毛房子訳（2008）『イノベーターは死なず――コピー機ビジネスで世界を変えた男』日本経済新聞出版社）.

第二章　社会におけるサーバントリーダーシップ

池田守男（2001）「トップ直撃　資生堂　池田守男社長」『夕刊フジ』2001年11月30日7面.

池田守男・金井壽宏（2007）『サーバント・リーダーシップ入門――引っ張るリーダーから支えるリーダーへ』かんき出版.

金井壽宏（2001）「間接部門も戦略性は不可欠――『奉仕するリーダー』になれ」『日経ビジネス』7月30日号、38頁.

小林陽太郎・池田守男（2009）『連続講演会「リーダーシップ論」 第1回「私の考えるリーダーシップ」 第2回 「社会におけるサーバントリーダーシップ」』お茶の水女子大学リーダーシップ養成教育研究センター.

Blanchard, K., Hybels, B., and Hodges P.（1999）Leadership by the Book: Tools to Transform Your Workplace, William Morrow（小林薫訳（2000）『新・リーダーシップ教本――信頼と真心のマネジメント』生産性出版）.

参考文献

Greenleaf, R. (1977) Servant Leadership: A Journey into the Nature of Legitimate Power & Greatness, Paulist Press（金井壽宏監訳、金井真弓訳（2008）『サーバントリーダーシップ』英治出版）.

第三章　女子スポーツ界におけるリーダーシップ

奥野富士郎（1995）「［挑戦］サッカーの野田朱美」『読売新聞』東京版朝刊、9月3日、10日.

小野克也（1991）「［顔］Wカップ出場を決めた日本女子サッカーチーム主将　野田朱美さん」『読売新聞』東京版朝刊、6月9日.

野田朱美（2010）『公開連続講演会「リーダーシップ論」 第3回 「女子スポーツ界におけるリーダーシップ」』お茶の水女子大学リーダーシップ養成教育研究センター.

ベレーザ創部35周年記念誌発行委員会（2016）『ベレーザの35年 BELEZA 日本女子サッカーの歩みとともに』ベレーザ創部35周年記念誌発行委員会.

増島みどり（2015）「スポーツ界の女性リーダー」『News Pics』、9月11日－11月3日.

第四章　国際性と日本らしさ

小倉和夫（2004）『グローバリズムへの叛逆――反米主義と市民運動』中央公論新社.

小倉和夫（2010）『お茶の水女子大学　公開連続講演会「リーダーシップ論」 第4回 「国際性と日本らしさ」』お茶の水女子大学リーダーシップ養成教育研究センター.

小倉和夫・鈴木謙介・デビッド・サターホワイト（2011）「日本の若者は本当に内向きなのか」日経電子版、12月14日.

小倉和夫（2012～5）「外交の“要諦”外交における非言語的コミュニケーションの役割」『外交 Diplomacy』13-30号、2012年3月～2015年3月.

小倉和夫・石井クンツ昌子・小玉亮子「シンポジウム アジアのグローバル化促進のための『女性力』の活用」『Peace and culture』5巻1号、107-127頁.

第五章　東北初の女性知事として

塩田潮（2017）「現代の肖像　吉村美栄子 山形県知事　『普通の主婦』から知事へ」『アエラ』、30巻20号、68-73頁.

吉村美栄子・行方久生（2010）「首長インタビュー（36）　未来への地方自治――吉村美栄子さん（山形県知事）」『季刊自治と分権』、41号、4-18頁.

吉村美栄子（2013）『お茶の水女子大学　公開連続講演会「リーダーシップ論」　第5回　「東北初の女性知事として」』お茶の水女子大学リーダーシップ養成教育研究センター.

吉村美栄子（2015）「地方の特性を生かした取り組みの推進」自治通信社編『全論点人口急減と自治体消滅』自治通信社.

五十嵐暁郎・ミランダ・A・シュラーズ（2012）『女性が政治を変えるとき――議員・市長・知事の経験』岩波書店.

女政のえん編（2016）『首長たちの挑戦――女が政治を変える』世織書房.

第六章　社員と共に創り上げたビジョン

足立直樹（2012）『お茶の水女子大学　公開連続講演会「リーダーシップ論」　第6回　「社員と共に創り上げたビジョン」』お茶の水女子大学リーダーシップ養成教育研究センター.

凸版印刷株式会社社史編纂委員会編纂（1985）『TOPPAN1985――凸版印刷株式会社史』凸版印刷.

Bennis, N.（1985）Leaders: the Strategies for Taking Charge, Harper & Row.

Nanus, B.（1992）Visionary Leadership: Creating a Compelling Sense of Direction for Your Organization, The Jossey-Bass Management series, Jossey-Bass.

第七章　情報を読んで・発してリーダーになる

北村節子・越村佳代子・佐藤千矢子（1996）「座談会　女性と新聞――働くこと、伝えること」『新聞研究』、535号、10-25頁.

北村節子（2002）「少子化加速の見える課題と見えない問題」『中央公論』117巻8号、187-192頁.

北村節子（2014）『お茶の水女子大学　公開連続講演会「リーダーシップ論」

第７回 「情報を読んで・発してリーダーになる」』お茶の水女子大学リーダーシップ養成教育研究センター.
田中和子・諸橋泰樹編著（1996）『ジェンダーからみた新聞のうら・おもて——新聞女性学入門』現代書館.

第八章　メディアにみる女性リーダーの変遷

野村浩子（2007a）「ハッピーキャリアの５原則 自分らしくハッピーに働きたい——『ウーマン・オブ・ザ・イヤー』から」『女性と仕事ジャーナル』16号、4-8頁.
野村浩子（2007b）「人間発見　私アホです謙虚に挑む　ディー・エヌ・エー社長南場智子氏」『日本経済新聞』夕刊、12月25日－28日.
野村浩子（2009）「人間発見　患者のためあきらめない　テルモハート会長野尻知里氏」『日本経済新聞』夕刊、8月17日－21日.
野村浩子（2010）「人間発見　鉄の女と呼ばれて　元世界銀行副総裁西水美恵子氏」『日本経済新聞』夕刊、1月18日－22日.
野村浩子（2011）「人間発見　紛争災害地に心のケアを　NPO法人JEN事務局長木山啓子氏」『日本経済新聞』夕刊、2月28日－3月4日.
野村浩子（2015）『お茶の水女子大学　公開連続講演会「リーダーシップ論」第８回 「メディアにみる女性リーダーの変遷」』お茶の水女子大学リーダーシップ養成教育研究センター.

第九章　未来を担う若き友人たちへ

緒方貞子（2015）『聞き書　緒方貞子回顧録』野林健・納家政嗣編、岩波書店.
遠山敦子（2001）『トルコ——世紀のはざまで』日本放送出版協会.
遠山敦子（2013）『来し方の記——ひとすじの道を歩んで50年』かまくら春秋社.
遠山敦子（2016）『お茶の水女子大学　公開連続講演会「リーダーシップ論」 第９回 「スペシャルタナーレクチャー」スペシャルゲスト講演「未来を担う若き友人たちへ」』お茶の水女子大学グローバルリーダーシップ研究所.
Clinton, H.（2014）Hard Choices, Simon & Schuster（日本経済新聞社訳

(2015)『困難な選択』日本経済新聞出版社).

第十章　ダイバーシティと『ダイバーシティ』
——性別によらず多様な個人が生き生きと生きられる社会とは

大沢真知子（2009）「山口一男著『ダイバーシティ』 生きる力を学ぶ物語」『日本労働研究雑誌』、54 巻 4 号、74-76 頁.

山口一男（2008）『ダイバーシティ——生きる力を学ぶ物語』、東洋経済新報社.

山口一男（2009）「私の越境ゲーム 『ダイバーシティ』で伝えたかったのは思想　社会構造を変える科学と概念を求めて」、聞き手：成田悠輔（VCASI 研究助手）、http://www.vcasi.org

山口一男（2016）「ダイバーシティ推進——お茶の水女子大学講演での質疑応答を顧みて」*RIETI Special Report*, https://www.rieti.go.jp/jp/special/special_report/090.html

山口一男（2017）『お茶の水女子大学　公開連続講演会「リーダーシップ論」第 10 回 「ダイバーシティと『ダイバーシティ』（山口一男著）——性別によらず多様な個人が生き生きと生きられる社会とは」』お茶の水女子大学グローバルリーダーシップ研究所.

Merton, K. R. (1949) Social Theory and Social Structure: Toward the Codification of Theory and Research, Free Press.

第十一章　少子高齢社会における女性リーダーとリベラルアーツ——基調講演

厚生労働省（2016）「平成 28 年賃金構造基本統計調査　結果の概要」https://www.mhlw.go.jp/toukei/itiran/roudou/chingin/kouzou/z2016/index.html

内閣府男女共同参画局（2017）『男女共同参画白書　2017 年版』http://www.gender.go.jp/about_danjo/whitepaper/h29/zentai/index.html

山田昌弘（1999）『パラサイト・シングルの時代』筑摩書房.

Correll, S. et al. (2007) "Getting a Job: Is There a Motherhood Penalty?", American Journal of Sociology, Vol. 112, No. 5, pp. 1297-1339.

Kingston J. (2015) "Universities Fending off Attacks on the Liberal Arts," The Japan Times, Oct 3.

OECD.（2015）Gender Data Portal, http://www.oecd.org/gender/data

第十二章　リベラルアーツ教育と女性の活躍

加藤陽子（2016）『それでも日本人は戦争を選んだ』新潮社.
九鬼周造（1930）『「いき」の構造』岩波書店.
厚生労働省（2017）「平成28年度雇用均等基本調査」.
西條郁夫（2018）「経団連、この恐るべき同質集団」『日本経済新聞電子版』、2018年6月21日.
土居健郎（1971）『「甘え」の構造』弘文堂.
内閣府男女共同参画局（2015）「女性の政策・方針決定参画状況調べ」http://www.gender.go.jp/research/kenkyu/sankakujokyo/2017/pdf/6-2.pdf.
中根千枝（1967）『タテ社会の人間関係』講談社.
山口一男（2016a）「多和田葉子の哲学と『人間といのち』」ハフィントンポスト日本版、https://www.huffingtonpost.jp/kazuo-yamaguchi/human-life_b_9449268.html
山口一男（2016b）「国立大学改変問題によせて―何が本当の問題か」RIETI Special Report, https://www.rieti.go.jp/jp/special/special_report/086.html
山口一男（2017）『働き方の男女不平等　理論と実証分析』日本経済新聞出版社.
山口一男（2018）「東京医科大学の入試における女性差別と関連事実―今政府は何をすべきか」RIETI Special Report, https://www.rieti.go.jp/jp/special/special_report/098.html
Chie N.（1970）Japanese Society, Pelican.

第十三章　若いあなたにとってリーダーシップとは

北村節子（1979）「エベレスト3女性　会えば話は山　仏・シャモニーで初顔合わせ」『読売新聞』、8月29日朝刊、15面.
田部井淳子（1982）『エベレスト・ママさん　山登り半世紀』新潮社.
田部井淳子（1997）「山女の集まりを改革したミニスカ娘」北村節子『ピッケルと口紅――女たちの地球山脈』、東京新聞出版局.

無署名（1972）「日本女子隊に登山許可　75年春、エベレスト挑戦」『読売新聞』、7月27日朝刊、11面.

Meadows, D.（1972）The Limits to Growth, Potomac Associates（大来佐武郎監訳（1972）『成長の限界——ローマ・クラブ「人類の危機」レポート』ダイヤモンド社）.

Piketty, T.（2013）Le Capital au XXIe siècle, Éditions du Seuil（山形浩生他訳（2014）『21世紀の資本』みすず書房）.

第十四章　女性役員の「一皮むけた経験」にみるリーダー育成の条件

金井壽宏（2002）『仕事で「一皮むける」——関経連「一皮むけた経験」に学ぶ』光文社.

西條都夫（2018）「経団連、この恐るべき同質集団」『日本経済新聞電子版』、2018年6月21日.

野村浩子（2018a）「みずほ証券絹川氏　部長をクビの経験がバネに」『日経ビジネスオンライン』、2018年3月29日.

野村浩子（2018b）「役員兼演奏家は『4回の脱皮』で育った　パナソニック執行役員　小川理子さん」『日経ビジネスオンライン』、2018年6月4日、5日.

野村浩子（2018c）「JR東からカルビーに転身　『志』の女性リーダー　カルビー上級執行役員　鎌田由美子さん」『日経ビジネスオンライン』、2018年9月5日.

McCall, M, Morrison, A, and Lombard, M.（1988）Lessons of Experience: How Successful Executives Develop on the Job, Free Press.

第十五章　全体討論

山口一男（2008）『ダイバーシティ——生きる力を学ぶ物語』東洋経済新報社.

Connor, S.（2015）"Sexist Toys Stop Girls Choosing to Study Sciences at School, Says Top Academic", Independent, 4 September

Donald, A.（2012）"Why Science and Technology Needs Women", Fabiana (The Fabian Women's Network Magazine), 3, Spring 2012, p. 17.

Heckman J.（2013）Giving Kds a Fair Chance, MIT Press.

参考文献

Page, S. (2007) The Difference: How the Power of Diversity Creates Better Groups, Firms, Schools, and Societies, Princeton University Press.

Weisleder, A. and Fernald, A. (2013) "Talking to Children Matters: Early Language Experience Strengthens Processing and Building Vocabulary," Psychological Science, 24(11), pp. 2143-52.

女性リーダー育成のために
グローバル時代のリーダーシップ論

2019年2月25日　第1版第1刷発行

編　者　お茶の水女子大学
グローバルリーダーシップ研究所

発行者　井　村　寿　人

発行所　株式会社　勁《けい》　草《そう》　書　房
112-0005 東京都文京区水道2-1-1　振替00150-2-175253
（編集）電話 03-3815-5277／FAX 03-3814-6968
（営業）電話 03-3814-6861／FAX 03-3814-6854
平文社・松岳社

ISBN978-4-326-65421-5　Printed in Japan

http://www.keisoshobo.co.jp

耳塚寛明・中西祐子・上田智子編著	平等の教育社会学　現代教育の診断と処方箋	A5判	二八〇〇円
谷内篤博	個性を活かす人材マネジメント　近未来型人事革新のシナリオ	四六判	二七〇〇円
谷内篤博	大学生の職業意識とキャリア教育	四六判	二二〇〇円
谷内篤博	働く意味とキャリア形成	四六判	二二〇〇円
小杉礼子	若者と初期キャリア　「非典型」からの出発のために	A5判	三二〇〇円
小杉礼子編	大学生の就職とキャリア　「普通」の就活・個別の支援	四六判	二二〇〇円
小杉礼子・宮本みち子編著	下層化する女性たち　労働と家庭からの排除と貧困	四六判	二五〇〇円
小杉礼子・原ひろみ編著	非正規雇用のキャリア形成　職業能力評価社会をめざして	四六判	二九〇〇円
堀有喜衣	高校就職指導の社会学　「日本型」移行を再考する	A5判	四〇〇〇円
樋口美雄・財務省財務総合政策研究所編著	グローバル社会の人材育成・活用　就学から就業への移行問題	A5判	四五〇〇円
片山善博・糸賀雅児	地方自治と図書館　「知の地域づくり」を地域再生の切り札に	四六判	二三〇〇円

＊表示価格は二〇一九年二月現在。消費税は含まれておりません。